高校三全育人之管理育人创新实践

宜宾学院 2021 年预研项目（2021YY07）资助

新时代

大学生管理能力培养与提升

万　敏　罗先凤　王利梅
陈燕秋　林文娇　许炜萍　著

吉林大学出版社

·长春·

图书在版编目（CIP）数据

新时代大学生管理能力培养与提升 / 万敏等著．—
长春：吉林大学出版社，2021.10
ISBN 978-7-5692-9066-0

Ⅰ．①新… Ⅱ．①万… Ⅲ．①大学生－干部管理－能
力培养－研究－中国 Ⅳ．① G647.17

中国版本图书馆 CIP 数据核字 (2021) 第 207699 号

书　　名：新时代大学生管理能力培养与提升
　　　　　XINSHIDAI DAXUESHENG GUANLI NENGLI PEIYANG YU TISHENG

作　　者：万敏等　著
策划编辑：邵宇彤
责任编辑：高珊珊
责任校对：李潇潇
装帧设计：优盛文化
出版发行：吉林大学出版社
社　　址：长春市人民大街 4059 号
邮政编码：130021
发行电话：0431-89580028/29/21
网　　址：http://www.jlup.com.cn
电子邮箱：jdcbs@jlu.edu.cn
印　　刷：定州启航印刷有限公司
成品尺寸：170mm×240mm　　16 开
印　　张：16
字　　数：274 千字
版　　次：2021 年 10 月第 1 版
印　　次：2021 年 10 月第 1 次
书　　号：ISBN 978-7-5692-9066-0
定　　价：79.00 元

前　言

奥斯特洛夫斯基曾说："生活赋予了我们一种巨大的和无限高贵的礼品，这就是青春：充满着力量，充满着期待志愿，充满着求知和斗争的志向，充满着希望信心和青春。"高校学生干部，正是挥汗谱写青春的优秀群体。

学生干部是学生群体中的先进分子和先进骨干，他们是连接教师和学生、学校和学生的桥梁，不仅在各方面具有表率作用，同时也具备了较强的组织管理能力、宣传导向能力和沟通服务能力。学生干部是学校思想政治教育队伍中不可缺少的组成部分，是教师的得力助手，是学生工作的延伸帮手、良好学风的带头人、繁荣校园文化的具体组织者。学生干部是责任，是担当，是权威，也是组织的核心与"领头羊"，常常是我们抓班级、院系党团组织建设的关键所在。而要培养合格、优秀、被同学们所认同与尊重的学生干部不是一件简单和容易的事情，这也是我想要编写此书的初心之一，以期达到培养学生干部的两个目的：一是外练筋骨皮，学生干部需要从德、能、勤、学各方面经历更多磨练；二是内练精气神，培养学生干部政治觉悟、宽广的襟怀、良好的心态。

本书由宜宾学院万敏、罗先凤、王利梅、陈燕秋、林文娇、许炜萍共同编写，在编写过程中参考和借鉴了部分文献资料和专家学者的论著，在此表示诚挚的谢意！本书共设置五个部分，包括学生干部的选拔与培养、学生干部培养实践案例分析、团体辅导、学生干部信息素养和能力培养、优秀学生干部成长分享。从内容的编选上，一是充分注重切合实际，没有大道理，没有喊口号，都是基于历届学生干部管理与培养的真实情况出发，以期能让众多学生干部从中学习方法，掌握技能，也期待能与众多同行工作者和广大读者朋友们交流心得；二是充分注重实践性，如各类结合实际的案例，常用办公软件、信息检索技能的操作等，都是学生干部日常所应该具备的基本技能和需要养成的素质。以身边人讲身边事，以身边事引身边人，让学生干部能进一步提高自我学习意识与能力，帮助学校有序开展工作、提高管理效率。学生干部的成长，是自身的努力，也是老师的心血，更是学校的发展，让师生心手相牵，共同前进！

宜宾学院

二〇二一年二月

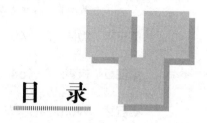

目 录

第一部分　高校学生干部的选拔与培养

在新的历史时期，伴随着社会科技的进步，社会的利益结构更加复杂化，人们的价值取向更加多元化，如何培养高校大学生成长成才的问题也越发突出。高校学生干部队伍既是大学生的重要组成部分，又是学生工作有效实施的重要依托力量。在做好大学生思想政治教育工作的同时，要根据不断变化的形势及时调整和培养学生干部，充分发挥学生干部的带头作用，从而更好地培养大学生树立正确的人世界观、人生观和价值观。

因此要选拔出一批优秀的学生干部，在学习、工作、生活、学科竞赛、创新创业各个领域中真正起到先锋模范作用，从而影响和带动周边同学形成奋发有为的良好氛围。

第一章　高校学生干部的含义

从理论和实践中，要想切实加强高校学生干部队伍建设，提高学生干部队伍的素质和能力，就必须厘清高校学生干部或高校学生领袖的基本概念，分析高校学生干部队伍的组成部分，学习相关的理论知识，用理论指导实践，从实践中完善理论。

第一节　干部的含义

干部 [日 kanbu] 指政府机关、部队或其他单位的行政人员。毛泽东《反对党八股》："现在我们的语汇中就有很多是从外国吸收来的。例如今天开的干部大会，这'干部'两个字，就是从外国学来的。"[①]。有学者指出，"干部"一词或许是由阎锡山首次引入中国的[②]，通常它被翻译为"cadre"。

"干部"（cadre）一词在很多国家都被使用，但是在不同的语言体系中它的内涵是不一样的。例如，在美国，"干部"通常是指军队中的骨干，政府行政机关的文职人员是不包含在内的；然而在日本，"干部"一词指生活团体或者社会组织的核心人物，和政府机关中的官员并无关系；在我国的语

---

① 岑麒祥.汉语外来语词典 [M].北京：商务印书馆，1990：123.
② 张鸣.近代史上的鸡零狗碎 [M].西安：陕西人民出版社，2008：4.

言体系中，"干部"一词的语义多受苏联的影响，苏联语系对"干部"一词的解释为"党的、共青团的、经济等受过训练的主要专业人员（这里所包含的组织较多）"①。

1922年7月中国共产党第二次全国代表大会通过的《中国共产党章程》中，第二章"组织"第四条、第五条都提到了党的"干部"。可见在中国，"干部"这一词最早见于中国共产党的文件，随后在各种组织和机关中逐渐普及。虽然"干部"一词的出现已有百年，但是学术界对于"干部"的内涵和外延尚未达成共识，例如，在《辞海》等大型书籍中，对于"干部"一词，要么是释文简略，要么没有收录该词。而随着时间的推移，"干部"这一概念的内涵和外延也在实践中不断地得到发展和丰富，大家通常将"干部"分成领导干部和一般干部。

从管理学的概念上来理解，领导指的是在某社会组织或者群体内，为了实现预定的目标，领导者用其自身的影响力和法定的权力去影响被领导者的行为，具有导向性和目的性。综上所述，干部指的是这一类人，即那些在社会组织、机构或群体内，具有一定的导向性、目的性作用的人员。

第二节　高校学生干部

高校学生干部具有多重概念，由于这种概念的多重性，致使不同视角的人在看待现实层面高校学生干部含义的角色定位、类型划分以及地位作用上有了不同的看法。

一、高校学生干部的含义

学生干部是学生组织的组成部分，不同学者对其定义有不一样的阐述。学者吕鹏将学生干部定义为：在学生群体中承担领导工作或者管理工作的学生，并且从小学一直到研究生的学生组织也随着年纪的发展而变化。②。学者陈德文等对学生干部的定义更加广泛，他认为小组长、寝室长等也属于学

---

① 多位首席科学家及政治家.苏联大百科全书[M].北京：生活·读书·新知三联书店，1956：575.

② 吕鹏.中国社会转型期的学生干部群体及学生干部制度[J].当代青年研究，2001（4）：15-18.

生干部的范畴①。学者韩学锋认为在学校中承担学生管理组织工作的学生都可定义为学生干部②。上述概念限定，将高校内所有的学生组织中的领导者或管理者都视为高校学生干部，可以说是对高校学生干部概念的广义界定。不过，这种限定和学生干部队伍建设研究的契合度不是很明显，在界定和实践上，与我国官方组织有些许出入。共青团中央和全国学联发布的文件中指出，高校学生干部主要包括在党团组织中兼职的学生干部、各级学联和学生会干部、学生社团干部③。

本书中，高校学生干部主要是指在高校正式的学生组织中担任一定的领导工作或管理工作的学生，是从学生中选拔协调、组织、执行学校教育、管理、服务等各项工作的学生，是学生工作队伍中不可或缺的部分，是促进学校发展、改革、稳定的一股中坚力量。高校学生干部主要由党团组织兼职学生干部、学生社团干部、各级学联和学生会干部、班级干部组成。

"高校学生干部"从构词规律和特征的角度看，是由"高校""学生""干部"三个独立的词语组合而成。其中，"干部"是这个短语的核心部分，"高校"和"学生"共同构成短语的约束部分，润饰和限定中心词语"干部"。"高校"阐明了"干部"工作的地点和场所；"学生"制约了此类"干部"的工作区域和范围，同时也制约了此类"干部"的现实社会身份。由此，高校学生干部的身份具有二重内涵：一是学生，即受教育者和受管理者；二是管理者或领导者。恰恰因为这种身份的二重内涵使得学生干部具有一定的特殊性，使得他们区别于其他社会系统中正式的领导者和管理者，其在性质、地位、权力等方面体现了出来。

学生身份是高校学生干部的第一身份。那么身为学生，就应遵守学生的要求和角色规范。由此，就明确了学生干部的主业是学习。《中华人民共和国职业分类大典》指出，所谓职业即个体在社会中为获取生活来源所从事的社会工作的类别。从这个层次上看，高校的学生干部具有非职业性。

接着，他们是一名干部，是来自普通大学生的干部。那么身为干部，就要"在其位，谋其政，行其权，尽其责"，担当起干部的使命，履行干部的职责，做一名合格的干部。什么是学生干部的使命和职责呢？就是时刻牢记带动

---

① 陈德文，李志. 高校学生干部工作导引 [M]. 重庆：重庆大学出版社，2000：11.

② 韩学锋. 扬帆起航体育大学生入学教育 [M]. 北京：人民体育出版社，2008：131.

③ 共青团中央，全国学联. 关于印发《高校学生干部培养规划（2006—2010）》的通知 [EB/OL]. （2006-08-29）.http://www.gqt.org.cn/documents/zqlf/200611/ t20061128_1592.htm.

学生学习这个中心，发展培养学生成长成才这条主线，辅助老师，推动同学，为学校的稳定、发展做出自己的贡献，同时提高自己的综合素质和能力，培养自己认真工作、乐于奉献的精神，在工作和学习的过程中，树立正确的价值观和人生观，增强自己的学生干部本领，提高自己的学生干部素质。因此，如果舍本逐末，顾学习而不服务同学，这样的人也许是合格的学生，但绝不是合格的学生干部；如果不增强自己的知识储备，顾活动而不学习，或者为自己谋私利，那么，这样的人既不是一名合格的学生，也不是一名称职的学生干部。

二、高校学生干部与高校学生领袖、大学生骨干辨析

在工作实践中，高校学生领袖、大学生骨干是经常会遇到的概念，不过这两个概念与高校学生干部是存在区别的。对这几个概念的辨析能使我们更深刻地理解高校学生干部的内涵。

高校学生干部具备一般领导干部的属性，但是与一般领导干部的定义还是有着较大的区别[①]。从这个角度，我们可以读出"学生干部"这一概念所包含的一层行政意蕴。换句话说，我们平常讲的"高校学生干部"在一定范围内负责执行高校党务、行政、共青团等系统，他们工作的自主性不是很高。这是区别于国外和我国港、澳、台地区的学生群体和组织中的学生领袖的一点，需要我们加以区分。具体区别体现在以下两点。

第一，体现在负责的对象不同。虽然中文语境下的学生干部多数是由选举产生的，但是行政认可在其中（通常是负责学生工作的班主任或专职老师的认可）起着举足轻重的作用，因此学生干部大多都是向上负责的。相比之下，国外的学生组织是自治性质的，组织运行有一套团体认可的制度程序，学院或者政工老师对他们的干涉比较少，在这种体制下，学生干部的考核、任命、去留都由组织成员加以评定，所以学生干部多是对下负责的，同时由于组织成员手中的权力，他们对学生干部也有监督和督促的作用。

第二，体现在自主性不同。由于学生干部权力的来源有所差别，从而直接影响了学生干部的自主性和权力范围。我国高校学生干部队伍扮演的角色更多的是去参与到学校思想政治教育和学生事务管理协作中，学生干部有着学生事务管理范围内的学校思想政治教育的权力，具有服务性和从属性。不过，早期的高校思想政治教育主要是以一种"工作"的形式存在，并非是立足于"教

---

① 方舒.最新高校系主任工作实务全书（第1卷）[M].北京：科学技术出版社，2006：174.

育"立场的实质，从而使一些大学生对之产生了逆反心理。①。高校思想政治教育工作在一批批不断探索学生成长成才规律且内心充满爱的教育工作者的努力中不断进步和完善，雅斯贝尔斯认为："控制并非爱，控制固守着人与人心灵无交流隔绝状态的距离，而人与人之间通过教育而平等交流就是驱逐愚昧和塑造人格的最有利的形式。"② 所以，学生干部如果只是按照学校老师或者管理部门的安排进行工作规划和执行，在这个过程中学生干部的主观能动性就未能得到充分的发挥；学生干部如果是在老师或者管理部门指导中结合自悟自发的思想想法开展工作，则具体开展的事务受到的各层面的约束会减少，学生干部对学校行政机构的依赖性会逐渐降低，学生干部自身主观能动性会逐渐得到更好的发挥。

目前部分研究者会使用"学生骨干"的概念来阐述"学生干部"，但是不同的学者对学生干部和学生骨干的定义是不一致的，例如，学者李文成认为高校的学生干部和高校的学生骨干是同一个概念；③ 而学者冯广将认为学生骨干应属于三个分支，分别是学生会、团委、党委组织。④ 但是，目前赞成度比较高的看法是高校学生干部与大学生骨干是两个不一样的概念，二者在内涵和外延上均有一定的区别。结合高校学生工作的实际，大学生骨干除了包括上述界定的高校学生干部以外，还包括学生党员和入党积极分子、理论学习骨干及在学术科技、文化体育等方面成绩突出的优秀学生，以及各种协会、社团、高校行政部门的学生助理等⑤。

由于很多高校的协会、艺术团等，从组织层面上来说是属于校团委的，而担任这些组织的学生往往也会被定义为学生干部；再者，一些非组织性的大学生骨干群体，如某些优秀学生虽然在学生党员和入党积极分子、理论学习骨干及在学术科技、文化体育等方面成绩突出但却不能被认定为高校学生干部。由此可见，从外延层面来讲，大学生骨干概念较高校学生干部更为宽泛，这两者之间存在包含与被包含的关系。

①　许瑞芳.社会变革中的中国高校德育转型研究（1978-2005）[D].上海：华东师范大学，2006，47.

②　雅斯贝尔斯.什么是教育[M].邹进，译.北京：生活·读书·新知三联书店，1991：5.

③　李文成.大学生特殊群体行为研究[M].重庆：重庆出版社，2004：128.

④　冯广将.论大学生骨干的培养[J].广西青年干部学院学报，2000（4）：30-32.

⑤　教育部思想政治工作司.加强和改进大学生思想政治教育重要文献选编（1978—2008）[M].北京：中国人民大学出版社，2008：157，221.

三、高校学生干部的类型

根据学生干部工作的领域和层次的不同，可将学生干部分为四个类型：第一类是班级单位的学生干部，包括班级的班委和班级团支部，这个数量是最为庞大的；第二类是以学院或者系为单位的学生干部，主要包括各个院（系）的团总支和学生会的学生干部；第三类是学校级学生干部群体，主要是指学校团委学生干部以及学校学生会的学生干部成员；第四类是来自学校各类学生协会、社团的学生干部，主要指的是在高校内正式成立的各类社团、协会组织的主要干部和负责人。这四大类型，时有相互交织的现象，比如，工作安排上、管理学生上、干部人员的交叉等。而且，这四大类型学生干部有构成上的差别，但也会相互协调配合，他们有着相当清晰和完整的组织结构与工作规范，但在具体实践中并非"井水不犯河水"，更多时候协作和互助在各类、各层次的学生组织和学生干部中也是十分常见的。

按性别进行划分，学生干部又分为男、女学生干部。值得注意的一个方面是，虽然性别分类是最基本的分类方式，但是在对已有的学生干部实践活动和队伍建设的研究中，基于性别的不同而分别展开工作的不是很多甚至较少。另外，按学生干部学历进行分类也是有例可循的，并且可分为大专生学生干部、本科生学生干部和研究生学生干部。大专生学生干部与本科生学生干部往往参与的工作是学生会和学校团组织的工作；研究生学生干部主要参与的是研究生会或者学生党组织的工作。

第三节　高校学生干部的角色

角色在社会学、心理学理论中的论述是指与人们的某种社会地位、身份相一致的一套权利、义务的规范和行为模式，并且会让人们对具有特定身份的人产生行为期待。一个人在一生中会扮演许多角色，每种角色都意味着一种责任，也都是一段人生经历。学校对学生事务进行管理时，配置不同的学生干部职位供学生参与，同时也会对不同职位上的高校学生干部提出职位责任要求，以满足各项学生事务管理的需求；高校学生干部在履职时，他的素质、能力也在一次次历练中得到了增强和提高。因此，高校的学生干部是高校的社会功能和需求衍生来的角色。作为一种社会设置，学校对学生事务进行管理时，往往会对高校学生干部产生需求；而作为一种人生实践，从个体素质和能力的提高层面来讲学生干部履历的确是一种有效的途径。

高校学生干部作为一种社会设置，是高校学生事务管理队伍组成中不容忽视的一部分。学者陈德文、李志认为，站在哲学的主体与客体关系的角度，"高校学生干部和全体大学生实际上是具有哲学意义上的主体属性"；从教育内在规律的角度来理解，"学生的自我教育和自我管理作为主要工作任务渗透到高校教育管理各个领域的各个方面"；从高校教育管理实践的角度来理解，高校的教育管理"是在主体的各群体之间相互作用、相互交融的工作关系中，不断提高，共同进步"[1]。在开展教学工作中，学生干部在维护教学秩序、形成良好学风、沟通教学信息、提高教育教学质量方面扮演着至关重要的角色。不仅如此，在学生管理工作中，学生干部也弥补了学校管理人员数量不足的空缺。近年来，高校持续扩招，然而，辅导员的数量却并没有按师生比相应增加扩招的人数。教育部的文件要求专职辅导员所带学生比例是 1：200，但是，由于种种原因，在具体的实践中，许多高校并没有真正达到这一比例，甚至差距很大。目前高校的政工人员数量不足，供不应求，对于学生管理工作的实际需要尚且还不能满足。此时庞大的学生干部群体就发挥出了重要的作用。此外，学生干部还参与到了学校微观管理的过程中。他们的学生身份使他们能及时地了解学生的利益要求、思想动态，能发现工作、学习和生活中同学的具体问题，从微观层面可以有效地弥补学校及老师管理的不足。可以毫不夸张地讲，正是由于高校学生管理的需要才衍生出对学生干部的需求。学生干部更多地参与到学生管理服务的队伍中来，成为辅导员老师的得力助手，成为高校学生事务管理队伍的重要组成部分。

加强和改进大学生思想政治教育，要坚持教育与自我教育相结合，不仅要发挥教师的作用，各个部门也要肩负起引导学生思想教育的责任，充分调动大学生的积极性和主观能动性，引导他们进行自我教育、自我管理和自我服务（下文简称"三自"）。

在学生教育管理工作中，学生干部起着组织领导、桥梁纽带、"三自一助"和榜样示范的作用，其角色作用的重要性决定了他们在高校教育系统中的骨干地位[2]。"三自"活动本质上是带动学生自发性地参与到实践活动中，从而让学生在实践中全面发展、增长才干、得到锻炼。它既是群体性的有组织活动，也是学生的自主性活动，是学生群体性自我和个体性自我的有机结合。高校学生干部不仅是当代大学生群体中的先进代表、骨干力量，也是

① 陈德文，李志.高校学生干部工作导引[M].重庆：重庆大学出版社，2000：12.

② 刘明瑛.高校学生干部工作研究[M].青岛：中国海洋大学出版社，2006：1-4

"三自"活动的积极倡导者，发挥着榜样作用。以点带面，点面结合，促进整个学生群体作用的发挥，引导大学生正确把握大学教育的发展趋势，找到社会对人才需求的正确趋向，带动和帮助学生正确理解"三自"，在过程中培养和提高学生参与"三自"活动的主动性和自觉性，同时他们也是此项活动的组织者。在推动高校学生有效地开展自我教育、有序参与学校管理、稳步推进自我服务中起到了不可或缺的作用。与此同时，他们还会参与学生的教育、管理和服务，有效地促进了学校学生教育、管理，而这种作用往往是教师所无法替代的。

学生会、研究生会等学生干部组织是进行高校思想政治教育的依靠，同时也是高校进行大学生思想政治教育的重要方式。能够当选为学生干部的学生，在思想觉悟、工作能力、马克思主义理论水平、自身修养上都要比同龄人更为优秀，他们能以自己的实际行动影响和带动身边同学的不断发展。《高校学生干部培养规划（2006—2010）》中定义高校学生干部"是学校教育、管理、服务等各项工作在学生中的组织者、协调者和执行者，是学生工作队伍的重要组成部分，是促进学校改革、发展、稳定的一支重要力量"[1]。可以看出，学生干部队伍在思想政治教育工作中发挥着不可忽视的作用。

首先，高校学生干部作为一种人生实践，对于学生干部个体的社会化有着积极的推动作用。在大学生涯中，大学生不仅要增强自己的知识储备量，培养和掌握相关的专业技能，更加需要培养的是正确的社会意识与自我意识，养成正确的"三观"并逐步朝着自己的理想人格不断靠近，最终成为一名合格的、促进社会进步的优秀人才，从而走向社会，参与社会生活，这就是大学生的社会化。学生干部也是一种增强人生实践经历的不错选择，可以让大学生提前参与到社会实践中，从而真真切切地感受和体会社会规范的严格性和社会现实的残酷性，并使他们的综合素质和能力得到培养和锻炼。与此同时，学生干部作为人生经历的一部分，在对个体人格的完善、社会态度的形成以及社会角色的获取等方面都有着很大的促进作用，而这些都是一个人社会化的重要见证。

其次，高校学生干部作为一种人生实践，是对学生干部个体社会网络的搭建、社会资本的积累。由于学生干部群体是由组织化、制度化衍生出来的群体，在实践和工作的开展中，不仅会产生内部成员间的社会网络，也会

---

① 共青团中央，全国学联.关于印发《高校学生干部培养规划（2006—2010）》的通知 [EB/OL].（2006-08-29）.http://www.gqt.org.cn/documents/zqlf/200611/ t20061128_1592.htm.

接触来自其他层面的社会资源。从这个层面来分析,他们相比于普通学生的优势——群体优势和制度优势也由此体现出来了。学生干部是一支有着庞大数量的队伍,由于成员之间的差异性,使得每一个学生干部在能力素质以及所掌控或可能掌控的社会资源的获取上的不同也体现出来了,而一个学生干部互动搭建起的社会支持网络,对他们各自未来的发展起到了很好的推动作用。加之,在一些具体的实践中,学生干部由于活动需要会接触到校外各个层面的人员,一方面他们在与这些人的互动中可以学到丰富的人生经验,另一方面也为他们的成长成才打下了人脉和资源的积累基础。换句话说,今天学生工作中接触到的工作搭档、赞助商、优秀校友或知名教授专家等,都可能变成学生干部未来事业上的合作伙伴、学业上的师长或生活上的社交来源,这可以说是学生干部经历的一种潜功能。

最后,高校学生干部作为一种人生实践,也历练和培养了学生干部的个体能力。作为一种人生实践,学生干部经历是一个难得的提升自我的重要途径。在学生工作的日常事务中,高校学生干部要始终贯彻落实学校工作精神,要对职权范围内的工作加以安排布置,要时刻关注同学情况,做好思想教育工作,更要参与活动的组织工作,检查落实总结工作,等等。在这些工作的开展过程中,学生干部个人观察问题、分析问题、解决问题的能力,组织、管理、决策的能力,语言、交往、公关的能力,以及克服困难、战胜挫折的能力都潜移默化地得到了锻炼和提高。另外,学生干部在学校的工作中与同学、老师一起策划、筹备、组织学生活动,也会间接提升自己的团队精神、协作意识和大局意识。这样宝贵的人生阅历以及这些能力的锻炼和培养,可以促使学生融入社会后,找准定位的适应期大大缩短,继而有助于他们的快速成长成才。

关于"学生干部工作"的概念,学者高飞等认为学生干部工作是指在各类学校中,学生干部通过采用一定的组织形式和方法,影响、带领和协调广大同学为实现某种目标而进行的社会活动过程[①];学者石国亮认为高校学生干部工作是指高校学生干部在一定的职责、权限范围之内,通过采用一定的组织形式和方法,影响、带领和协调广大学生为实现学校育人目标而进行的社会活动。[②] 本书编委们认为高校学生干部工作是学校各行政管理部门、学生工作部门为了更好地开展大学生事务管理工作而有针对性地选拔、管理、组织、教育和培养学生干部而进行的系列工作。

① 高飞,刘志伟,吴强.学生干部工作学[M].徐州:中国矿业大学出版社,1998:92.
② 石国亮.高校学生干部工作的理论思考[J].思想教育研究 2008(1):56-59.

第二章　高校学生干部的选拔

新时代有新要求，社会对高校人才培养也提出了更高的要求与标准。高校是培养高素质人才最为集中、人数最多的地方，综合国力、国际竞争力是通过人才来提高的。高校学生干部是十分活跃的人才素质展现群体，是学生中的带头人，是学校组织者与学生之间的桥梁与纽带，是教育管理制度的参与者和实施者，他们对于提升高校的管理水平以及校风、学风的建设都会产生影响，因此对他们的培养对于提高学校高素质人才和满足国家建设需要有着十分重要的作用。

高校学生干部是综合素质突出的学生代表和缩影。综合素质包含思想政治、身心健康、志愿服务、成绩优良、群众信赖、有任职经历基础。选拔综合素质突出的学生担任学生干部，不仅要根据岗位需要选拔具备特长或口才好、群众关系好、得票高的学生任职，还要综合考虑人员与岗位匹配情况，综合评定出适合的人选。

选拔方式、方法、过程是知人善用的关键。人尽其才和才尽其用是为了实现人与岗的优配，提高学生干部的工作积极性，规避干部队伍"拉帮结派"现象，提升管理经验和决策的合理性。选拔工作要公平、公开、公正，要规范、严肃、认真地运行。择优是学生干部选拔的目的，竞争是激发学生干部选拔的活力，在选拔程序中筛选优选，把胜任力较高的学生选拔到干部岗位上来。学生干部胜任力是学生自身所具备的能力与素质，而岗位所需要的是能力、素质以及学校的组织环境特征三者之间的交集。交集越大，就越能胜任岗位，越能取得好的工作绩效①。

高校学生干部的选拔是学生工作的重点，也是系统性、科学性工作。不同的选拔方式具有各自的理论基础与测评重点，通过由领导、教师、高年级干部代表、学生代表组成的考核组开展选拔工作，在实际操作中可以采取调查交流、试卷问答、测评技术、面试考核等经过实践检验后普遍适用的方式，不断探索、改进、结合实际形成选拔制度、方案，合力选拔出与工作匹

---

① 周云，张翼，李海黔.从胜任力的视角谈校学生干部的选拔与培养[J].教育与职业，2013（4）：40-41.

配的学生干部。本书列举介绍推荐、笔试、面试、测评技术四种选拔方式。

第一节　推荐

推荐常指把相关的人或事物向他人做介绍，希望其被任用或接受。

推荐可以分为他人推荐和自我推荐。他人推荐包括所在部门内部推荐、班级推荐、老师推荐、学生推荐，他人推荐在学生干部选拔中，对候选人的各种情况包括组织能力、人际关系、学习成绩、工作态度等有不同层面的了解，出于信任推选，选拔组也可以快速直接发现候选人的特点、能力，有利于工作的展开。可能存在为少数善于钻营的学生留下利用的空间，在推荐中搞关系推荐，这样就失去了客观公正性，不利于团队团结。

自我推荐时要认真查看岗位职责要求，根据自身的实际情况，按要求规范、清晰填写《** 推荐表》，如表 1-1 候选人推荐表所示，递交备学生干部考核选拔组查阅。端正心态，表格填写就是一次考核，学生干部需要承担更多责任、面对更多要求和具有细节把握的能力，考核选拔组会把材料作为一次考验来严格审核，在候选者中进行考核测评，择优录取。

表1-1 候选人推荐表

姓名		性别		民族		照片 (1寸免冠)
学部（院）		年级 班级		政治面貌		
曾任职务		竞聘职务				
联系方式		学习成绩综合排名是否在本专业前30%				
个 人 简 介						
工 作 设 想						
二级学 部（院） 团总支 意见	（盖章） 年 月 日	二级学部（院） 党总支意见			（盖章） 年 月 日	
备注						

填写提醒：

1. 整张表上的时间格式如：2021年02月07日。

2. 完成表格时，如有涂鸦、错填或错误格式，请重新填写，否则将影响审查考核。

3. 请用黑色或蓝黑色笔认真填写，注意：首行缩进、行距、字迹工整，添加内容时不动表格结构，电子文档双面打印。

4. 兴趣爱好、个人能力、获奖情况、工作计划按板块来综述，一目了然。

5. 按先签字后盖章顺序，填写完整后上交指定处。

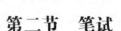

第二节　笔试

　　笔试是以填写的方法考核作答者学识水平的重要方式。笔试测试学生干部对基本知识、专业知识、管理知识的掌握情况，考查学生干部书面表达能力、推理能力、创造力、综合分析能力等素质的差异，适用范围广，费用花销较少，可以大规模运用。学生干部培训的笔试常见题型有：选择题、判断题、填空题、简答题、案例分析阐述题。

　　笔试的方法和技巧：①保持稳定的心态，客观冷静地进行自我评估，相信个人实力，克服紧张的心理；②了解笔试目的、内容、重点、环境，进行复习时做到心中有数；③掌握答题主次、运用综合能力、认真分析作答；④字迹工整，卷面清洁；⑤按规定的时间到场，遵守考场纪律，诚信考试。

　　附：＊＊＊＊学院2019-2020学年团学会干部评测试题

一、选择题

1.我校的校训是（　　）。

A.求实、求是、开放、创新

B.博学、笃实、厚德、精进

C.求是、厚德、博学、达理

D.爱国、进步、创新、拓新

2.学校共有学部（　　）个。

A.20个　　　B.19个　　　C.18个　　　D.21个

3.校园报警电话是（　　）。

A. 110　　　B. 3548 110　　C. 3547 110　　D. 3549 110

4.学生干部的本质是（　　）。

A.干部　　B.学生　　C.管理者　　D.领导者

5.中国共产党的宗旨是（　　）。

A.全心全意为人民服务

B.实现社会主义现代化

C.实现共产主义

D.坚持党的基本路线和基本纲领不动摇

6.学校五大理念党建为核、制度为先、师生为本、育人为首、（　）为魂。

A.学术　　B.科技　　C.科研　　D.创新

7.学校已经经历了（　）年办学历程。

A.42　　B.43　　C.40　　D.41

8.本学部团学会共有（　）个部门。

A.24　　B.25　　C.22　　D.23

9.家庭经济困难认定分为（　）档次。

A.五个　　B.六个　　C.三个　　D.四个

10.根据《学生安全管理暂行规定》下列说法不正确的是（　）。

A.晚就寝不得不归、晚归，可私自在校外留宿或租房住。

B.在宿舍区不得随意搬动或损坏消防设施。

C.不与校外社会闲散人员交往，更不得将其引入校内。要加强自身识别能力，提高警惕，谨防上当受骗。

D.现金及贵重物品要随身携带，去邮局取款要约同学陪同，大额现金要及时存入银行，存折要留密码。

11.在学生手册中规定：每学年结束后，对学生学习状况进行检查，根据学生所选课程情况，累计不合格课程达14学分及以上者，由教务处给予学生书面学业警示；累计不合格课程达（　）学分及以上者，作延长修业年限处理，学籍编入下一个年级。

A.14　　B.30　　C.45　　D.60

12.三好学生的评定不包括下列（　）。

A.各科成绩优良，专业课和公共课成绩每科无最低分要求。

B.三好学生每学年评定一次。

C.三好学生评定名额不超过学生人数10%，优秀班集体评选三好学生名额为该班学生人数15%。

D.思想政治过硬，品行端正，评定年度无违规违纪。

13.办学格局是（　）。

A.创新型 应用型 国际化

B.创新型 应用型 综合化

C.创新型 综合型 国际化

D.综合型 应用型 国际化

14.三风一训一精神的核心文化，其中学风是（　）、教风是仁爱敬业，修身立人、校风是崇德励学，知行合一。

A. 尊师重道，不耻下问

B. 尊师明志，不耻下问

C. 尊师重道，学以致用

D. 尊师明志，学以致用

15. 学校作出"2468"总体谋划的"4"指特色、创新、人才培养层次和（　　）。

A. 实现办学层次

B. 实现教学层次

C. 实现科研层次

D. 实现综合层次

二、判断题

1. 校训是厚德，博学，笃行，精进。（　　）

2. 学校的前身是××××××××学院。（　　）

3. 某部门因活动需要申请了某一场地（教室或户外场所），但在活动开展过程时因一些原因导致活动延期举行，该部门对所申请的场地在申请时间内需要派负责人在场地查看，以防他人乱使用。（　　）

4. 学校的办学目标是"建设特色鲜明的应用型综合大学，培养创新型应用人才"。（　　）

5. 本科生可延长修业年限 2 年，最长修业年限为 6 年。（　　）

6. 学生干部是学生团体中的佼佼者，思想和能力比非学生干部较为突出，在自身被非学生干部指出问题时，可以不接受他们意见。（　　）

7. 本学部学生会和其他学部的学生会是相互独立的团体，因此彼此之间不需要合作交流，更不需要相互督促。（　　）

8. 优秀的学生干部是同辈中的佼佼者，是老师的左右手，更是同学们学习的榜样。学生干部的一言一行无疑受到更多师生的关注，因而学生干部更要约束好自身言行。（　　）

9. 我校于 2001 年成为本科院校。（　　）

三、填空题

1. 策划书等的文件命名格式是：＿＿＿＿＿＿＿＿。

2. 学部的学生工作办公地点是：＿＿＿＿＿＿＿＿，教学工作办公地点是：＿＿＿＿＿＿＿＿。

3.党总支书记是：_____，团总支书记是：_____。

四、简答题

1.为什么要参加竞选学生干部？请谈谈你的优势。

2.个人的热情程度与个人能力表现，请问你更看重哪一个？原因是什么呢？

3.学生干部这个称谓对你来说意味着什么？在这一年的工作过程中最令你棘手的问题是什么？

4.有时因工作协调，会让你去做比如搬运物品、打扫卫生等工作，你如何看待？

5.你所在的部门需要做些什么？

6.在这一年的工作中你认为处理得最糟糕的事情是什么？当时是怎样处理的，现在你会怎样处理？

7.你觉得你从加入学生会到现在都收获了哪些技能？得到了哪些锻炼？

8.上交文件时的流程顺序？简要概述（例：确定主题→写策划书）。

9.孙中山说"要想着做大事，不要想着做大官"；拿破仑说"不想当元帅的兵不是好兵"，你怎么理解这两句话？

10.你对学部团学会目前的各项制度有什么看法和建议？

11.你认为学习和工作是否冲突，请简要概述。

12.学部团学会有哪几大分支，请简要概述区别和关联是什么？

13.如果你的意见和老师的意见有矛盾时，你会怎么办？

14.对于学部同学争当抗疫志愿者现象，请写一段300字左右的简讯。

15.你常用的新媒体软件有哪些？

五、案例分析阐述题

1.芳芳在期末归档操行分加分资料的时候，发现部分同学出现了操行分重复统计的情况，而此时期末加分单已经打印并下发至各班级。如果你是芳芳，你准备怎么办？

2.本学期实行的第二课堂劳动教育，部分同学出现抵触情绪，时有个别检查人员或者打扫人员迟到甚至不到岗的现象。要解决此问题，请阐述你的处理办法。

第三节　面试

　　面试是以面试官对应聘者的交谈与观察为主要手段，由表及里测评应聘者的知识、口语表达、着装礼仪等素质的考评。常见方式有：问题式、压力式、专场式、情景式等一对一或多对一的面试。在实践中，面试在学生干部选拔中得到广泛应用，原因是面试更具针对性，提高了信度和效度。面试需要熟悉职位要求、面试经验丰富的考评组，常用一问一答的方式回答问题。

一、常见面试题目

　　1.怎么协调学习和工作、干部和学生、不同部门之间的关系呢？如果发生冲突你会怎么做？

　　2.在过去一年里你觉得部门工作哪里安排得不够妥善或者你所做的工作哪些不够完善？

　　3.你认为相较于其他竞选者，你的优势在哪里？

　　4.如果你被选上有什么工作规划或创新改革？

　　5.谈一谈，你对组织或者参与协助过的一项活动的看法和改进建议。

　　6.身为一名学生干部，有时因为工作安排会让你去做一些像搬桌椅之类的体力工作，你怎么看待？

　　7.如果你的观点或者安排受到别人的质疑而产生抵触情绪或者拒不执行的情况你会怎么做？

　　8.当你被安排了纪检之类的工作，你发现自己的室友或者熟悉的朋友违反了纪律，你会怎么做？

　　9.如果你没有被选上心仪的职位，需要被调剂，你怎么看？

　　10.你希望从工作中得到的最大回报是什么？

　　11.所面试岗位的工作职责是什么？之后打算怎么去做？

　　12.如果因为需要调配到其他职位您是否接受并能很快熟悉新的工作？

　　13.谈谈你对上级的看法。

　　14.有没有担任过什么职务？这些工作对你影响最大的是什么？

　　15.你在学生工作中提高工作效率的常用软件有哪些？请列举 1 ～ 2 个。

二、面试的技巧和方法

1. 充分准备。准备包括道德、技能、心理、常识、技巧、礼节，可模拟考场、多次演练、相互帮助，准备越充分紧张度越小。

2. 要谦虚谨慎。考核组是专家、老师、高年级学生干部，切不可不懂装懂，回答问题错误时要坦率承认、及时纠正。

3. 要机智应变。当求职者一人面对众多考官时，听清问题，果断随机应变，言简意赅；未听清问题不能着急，保持礼貌，请求重复后再认真作答。

4. 婉转表达。讲出事实的缘由并简短、自然、巧妙提出改进措施方法。

5. 面试中人人都会紧张，这是客观事实，用技巧提醒自己镇静并掌握讲话技巧，分析得出本次面试经验，以新的姿态迎接下一次的面试。

6. 注重礼仪礼节，服饰、守时、用语是重点。服饰要与自己的身材、身份相符，表现出朴实、明快并符合时代、季节的容貌，学生干部可以穿得简洁中大方、干练中活泼，展现大学生青春向上的面貌，不可浓妆艳抹也不可能着装随便、吊带拖鞋。有专家统计，求职面试迟到者获得录用的概率只有相当于不迟到者的一半，遵守时间体现出时间观念和办事效率。注意礼貌用语："您好，我是某某""对不起，能请您重复一遍吗？""对不起，我有点紧张""好的，谢谢，再见"，真诚地注视对方进行表达，耐心专心地倾听，反应适度，要有呼应。

第四节　心理测评量表和礼仪测评表

测评技术，指的就是通过一系列科学的手段和方法对人的基本素质进行测量和评定。测评技术主要通过测评工具对被测试对象加以更多了解，为测评者提供决策参考和依据去选择合适的人选，以系统地降低错误聘用带来的风险。测评工具在开发时都有一定的目的性，职业兴趣是用来帮助人进行职业规划的。学校选拔学生干部时常见人际关系综合诊断量表（见表 1-2）、一般自我效能感 GSES 量表（见表 1-3）和礼仪测评表（见表 1-4）。

人的素质常被分为六个层面，即知识、技能、社会角色、自我概念、特质以及动机。素质冰山模型是指把个体的素质描述为漂浮在洋面上的冰山一样，知识和技能是属于裸露在水面上的表层那部分，是对任职者的基础素质的要求，这部分叫基准性素质，既容易被测量和观察，也容易被模仿。内驱力、社会动机、个性品质、自我形象、态度等属于潜藏于水下的深层部分素质，这部分叫鉴别性素质，是"冰山以下的部分"，不太容易受外界的影响而改变，但它们却对个体行为与表现起着关键性的作用。

表 1-2　人际关系综合诊断量表

注：这是一份人际关系行为困扰的诊断量表，共 28 项问题，每项问题做"是"（打"√"）或"非"（打"×"）的回答模式。请你根据个人实际情况如实回答，答案无对错之分。

题目	是（√） 非（×）
1. 关于自己的烦恼有口难言	
2. 和生人见面感觉不自然	
3. 过分地羡慕和妒忌别人	
4. 与异性交往太少	
5. 对连续不断地会谈感到困难	
6. 在社交场合，感到紧张	
7. 时常伤害别人	
8. 与异性往来感觉不自然	
9. 与一大群朋友在一起，常感到孤寂或失落	
10. 极易受窘	
11. 与别人不能和睦相处	
12. 不知道与异性相处如何适可而止	
13. 当不熟悉的人对自己倾诉他的生平遭遇以求同情时，自己常感到不自在	
14. 担心别人对自己有什么坏印象	
15. 总是尽力让别人赏识自己	
16. 暗自思慕异性	
17. 时常避免表达自己的感受	
18. 对自己的仪表（容貌）缺乏信心	
19. 讨厌某人或被某人所讨厌	
20. 瞧不起异性	
21. 不能专注地倾听	
22. 自己的烦恼无人可倾诉	
23. 受别人排斥与冷漠	
24. 被异性瞧不起	
25. 不能广泛地听取各种各样的意见、看法	
26. 自己常因受伤害而暗自伤心	
27. 常被别人谈论、愚弄	
28. 与异性交往不知如何更好相处	

记 分 表

I	题目	1	5	9	13	17	21	25	小计
	分数								
II	题目	2	6	10	14	18	22	26	小计
	分数								
III	题目	3	7	11	15	19	23	27	小计
	分数								
IV	题目	4	8	12	16	20	24	28	小计
	分数								

评分标准：打"√"的给1分，打"×"的给0分。

【测查结果的解释与辅导】

总得分在0～8分之间，说明与朋友相处的困扰较少，这种人善于交谈，性格比较开朗、主动，对周围的朋友都比较好，相处不错，生活整体上是比较充实且丰富多彩的。总得分在9～14分之间，说明与朋友相处存在一定程度的困扰，这种人人缘一般，和朋友的关系并不牢固，时好时坏，常处在一种起伏波动之中。总得分在15～28分之间，表明在同朋友相处上的行为困扰较严重。总得分超过20分，表明人际关系困扰程度很严重，而且在心理上出现较为明显的障碍，这种可能是性格孤僻的人，不够开朗，或者有明显的自高自大、讨人嫌的行为。

以上是从整体上评述个人人际关系，还可以根据在每一横栏上的小计分数，具体指出与朋友相处的困扰行为及其可参考的纠正方法。

记分表中 I 横栏上的小计分数，表示交谈方面的行为困扰程度。

记分表中 II 横栏上的小计分数，表示交际方面的困扰程度。

记分表中 III 横栏上的小计分数，表示待人接物方面的困扰程度。

记分表中 IV 横栏上的小计分数，表示跟异性朋友交往的困扰程度。

表 1-3　一般自我效能感 GSES 量表

题目	完全不正确	有点正确	多数正确	完全正确
1. 如果我尽力去做的话，我总是能够解决问题的	1	2	3	4
2. 即使别人反对我，我仍有办法取得我所要的	1	2	3	4
3. 对我来说，坚持理想和达成目标是轻而易举的	1	2	3	4
4. 我自信能有效地应付任何突如其来的事情	1	2	3	4
5. 以我的才智，我定能应付意料之外的情况	1	2	3	4
6. 如果我付出必要的努力，我一定能解决大多数的难题	1	2	3	4
7. 我能冷静地面对困难，因为我相信自己处理问题的能力	1	2	3	4
8. 面对一个难题时，我通常能找到几个解决方法	1	2	3	4
9. 有麻烦的时候，我通常能想到一些应付的方法	1	2	3	4
10. 无论什么事在我身上发生，我都能应付自如	1	2	3	4

注：以上 10 个句子是关于你平时对自己的一般看法，请你根据你的实际情况在选择的数字上画"√"，1= 完全不正确，2= 有点正确，3= 多数正确，4= 完全正确。答案不分对错，勾选每一个句子无须考虑过久。

　　GSES 为单维量表，没有分量表，所以只统计总量表分。把 10 个项目的得分加起来除以 10 即为总量表分。

　　学生礼仪是学生们在日常学习、生活和工作中，特别是在社交场合，相互表示敬重和友好的行为规范，常指言行举止的具体表现，如相互问候、致意、祝愿、慰问以及给予必要的协助与照料。礼仪是综合素质的表现，主要作用是与他人建立良好的人际关系，形成和谐氛围，加强文明行为，提高文明素质。

表1-4 学生干部礼仪测评表

类型	测评点
电话礼仪	1. 选择通话时间（尽量避开对方的工作时间、上课时间、休息时间，以免造成打扰） 2. 拨打时，确认拨号正确，勿多次拨打，可发短信提醒告知；结束时，确认信息后尊者先挂 3. 应事先准备好通知内容，语言简洁，说明重点，不和旁人说笑、不吃东西 4. 代为传呼时，应请对方稍候或客气地询问：要留口信吗？重要内容应记录和确认 5. 规范用语
介绍礼仪	1. 在自我介绍中，表情、态度、姿态要自然大方 2. 介绍他人按照先女士、后男士，先职位高者、后职位低者，先长辈、后晚辈的顺序介绍 3. 介绍人做介绍时，应采用敬语。介绍的内容是姓名、职务等最简单的情况 4. 在遇见老师、领导时，应主动与老师、领导打招呼、问好，切勿当作看不见
邀请嘉宾出席礼仪	1. 尽量提前邀请，最好有书面请柬，准确告知时间、地点 2. 需要领导或嘉宾讲话须在邀请时一并提出，以便于他们准备讲稿 3. 将嘉宾带入活动现场就座
主持礼仪	1. 服饰端庄、整洁 2. 熟悉会议活动流程，带好材料进入现场，事前准备好主持稿 3. 控制好会议、活动的气氛，结束时，应向与会人员或观众致谢
赴办公室办事礼仪	1. 赴老师办公室，应尽可能事前电话预约，敲门，再次确认是否有空，清楚地把问题提出 2. 自带笔和需要签字的材料 3. 不翻看与自己无关的物品，致谢并离开

在学生干部选拔的过程中，要根据不同的工作岗位确定所需要的综合素质。选拔过程中，还常采用如公开演讲和辩论的方式展示个人能力、才华、工作经验、工作规划等，使公众对候选人有直观的了解，对选拔过程有直接的监督，但可能使一些热心认真工作、符合要求却不善于言辞的候选人处于竞争的劣势。因此，结合各种学生干部选拔方式的优缺点，实践中结合两种及多种方式，注重日常行为观察、群众调查和个人考核考评，综合考察参加选拔的学生所具备的素质与工作岗位所需之间的吻合程度，把真正有工作热情、工作素质高者选拔到适当岗位上，从而达到候选者与岗位的最优组合，提高学校的管理水平。

第三章　高校学生干部的培养和考评

选拔列出适合工作职位的干部名单向广大师生公示，接受检验。在公示期内，如果未接到反对意见，即可决定试用；如果有反对意见，应该根据实际情况重新审查候选人，看是否真正符合选拔标准再决定是否试用，试用期间再做进一步的考察，减少选拔误差。

选拔出一批能力强、品德好的学生干部组合配选在一起以产生最大的管理绩效。针对个人能力、性格、特点以及性别差异的学生干部进行有目的、有方法、有针对性地培养，优化提升干部群体自我管理、自我教育、自我服务等综合素质。

第一节　高校学生干部的培养

刚上任的学生干部积极性很高，有心为广大师生服务，一段时间后，有些同学做工作懒散拖沓甚至有提出辞职申请的，具体情况有：

1. 个人学习、工作、生活间产生了冲突，不能兼顾；工作比想象的要困难；

2. 当选上了学生干部，信念淡化，只要这个身份经历；

3. 在具体的工作中，遇到不能处理的矛盾、受到了委屈或者因考虑不周而给集体造成了损失等不良后果和影响……

深究原因，一是部分同学思想有杂念、经验不足、解决问题方法过于简单等造成心理困扰或工作效率低下；二是大学生的特点是在思想和行为上有很大的波动性和可塑性；三是管理者对学生干部不能只管选拔和使用，还应该教育和培养；四是干部培养机制不够完善规范，学生干部不能进行自我定位从而积极性降低……

学生干部的培养不是阶段性的，而是渗透在学生干部的选用、管理和考核等各个环节；学生干部的培养不是单一性的，而是贯穿在交流谈话、讲座论坛、经验分享、书籍阅读等各种场景中。加强培养，提高综合素质，发挥学生干部的主观能动性，建立高素质、高效率的学生干部队伍，是实现管理目标的有效手段和重要途径①。我们要高度重视对他们的思想政治教育，素质能力的培养以及工作方法的指导。

（一）加强思想政治教育，引导摆正角色定位

学生干部在学校教育、管理、活动中既是客体也是主体，因此要发挥其积极性和主动性，引导摆正干部、学生和服务者三种身份，培养学生干部树立正确的服务意识、责任意识和自律意识，明确职责，摒弃和克服享特权、捞好处、虚荣心强、做事被动等不正确的心理和想法；在自我激励和自我锻炼的准则中，热忱为同学成长成才服务以及为推进学校建设发展服务，由"他律"走向"自律"，自觉规范言行，逐渐培养成长为符合新时期发展要求的社会主义事业的合格建设者和接班人。

（二）紧密结合时代特点，创新实践发展工作

在经济全球化、信息技术日新月异的今天，高等教育正在转变观念，用科学的管理理念和高效的运作方式，激发学生干部的创新意识和创新能力，引导学生干部要敢于超越传统思维，开放思想，更新观念，灵活地整合运用信息技术和资源优势，不断推陈出新，用新观点、新思路开展组织建设、文艺活动、载体、内涵等创新，推动整个学生工作的革新，在创新和发展中做好学生工作。

（三）科学制订培养方案，内容扎实、指导灵活

学校主管部门可根据实际情况制订规范的、分层次的学生干部培养计划。制订前期，调查了解学生干部的职业生涯发展规划，汇总他们想通过工作来锻炼的主要内容，结合多种学生干部们喜闻乐见的培训形式，从而制订符合时代特征、青年发展需要、组织管理要求的培养方案，然后老师和高年级干部优秀代表组成团队，通过线上线下结合有序开展培训指导。首先上岗培训，让学生干部详细了解其所在部门的工作内容和工作职责，了解学校与该部门的工作、考核要求。其次对学生干部进行业务培训，对学生干部做什么事、如何做事、做事的目的、做事效果呈现进行辅导和教育培训，使其既

---

① 王小巍. 高校学生干部选拔培养和考核机制探讨 [J]. 重庆科技学院学报（社会科学版），2010（6）168-169.

能了解工作具体内容，同时还能更好地去创新和发展。然后进行心理建设，为干部建设起坚定的责任心和岗位意识，树立模范标准。最后进行离岗的教育，对于自己的工作岗位有经验积淀，对老师和同学有深厚感情，铁打的营盘流水的兵，因此进行必要的离岗教育和离职仪式又是一次感恩教育、回馈奉献、经验传承、总结撰写的重要再培养环节，使之成为学生的榜样和楷模，使其有认同感、获得感和幸福感。

（四）定期反馈，查漏补缺

高校教育管理组织者实践发现，学生干部到新岗位后，工作积极性强，但对工作内容不熟悉、缺乏工作经验和工作方法，容易在工作中遇到挫折和困难，会因情绪波动、积极性受影响而懒散懈怠。如果缺乏沟通交流的渠道和正确及时的引导教育，就可能导致学生干部工作失误、耽误学习，甚至造成心理负担而提交辞职报告。如果开展事前充分的调查研究，并在此基础上进行科学预测和论证、结合所处的工作环境及所承担的任务制订方案，做到切实可行。在结束总结整理各环节事项过程中，实施有计划安排、有组织协调、有指挥防控等。在实践中对学生干部进行定期反馈疏导和不定期查漏补缺，不断提高综合能力使之在同学中树立良好形象，也推进其工作规范、高效、有序、顺利地开展。

（五）梯队建设，携手成长

在进行高校学生干部梯队建设时，由于大学生在校时间的限制，高校学生干部往往具有短暂性的特点，这容易导致学生干部工作的盲区。在学生干部管理工作中，学生干部的梯队建设未能引起足够的重视，没有形成一套科学的梯队建设体系，依照岗位胜任力的要求，应将学生的个人性格、兴趣等内在特征与学校组织环境等因素相结合，改变传统传、帮、带梯队建设体系，激发和挖掘学生干部的潜能，找出适合于不同工作岗位的后备人选，制订科学的、形式多样的梯队建设方案，携手形成教师、优秀干部、同级学生成长团队，提高自我修养，提升品格和综合能力，随时准备为需要的岗位服务。

（六）紧跟时代，全面发展

新时代高校要做好干部的选拔培养工作，这样才能更好地培养众多德才兼备、全面发展的高素质人才；才能更好地引领广大大学生全面发展；才能带领青年大学生早日投入到建设中国梦的生动实践中。因此也要求学生干部要全面提升自身思想、道德、文化、身体、心理、业务等综合素质。要培养新时代学生干部，从大一的时候就要开始陆续选拔一批学生干事，将学生干事培养成一批批优秀的学生干部，促进学生干部不断进步成长，在德智体美劳等多方面实现全面发展，最终实现他们的人生价值。

（七）强化高校学风建设，发挥示范引领作用

高校干部是大学生中的优秀代表，充分发挥着桥梁纽带、上传下达和组织协调的重要作用。同时他们也是学校学风建设的主要参与者，是班级班风建设、文化建设的主要力量。其他普通大学生还会将优秀干部作为他们学习的榜样，但是干部的一些不良行为也会直接影响大学生群体的风气，因此，干部队伍整体素质的高低直接影响着高校学风建设的成败。高校只有把科学合理地选拔培养干部队伍作为推进学风建设工作的切入点，发挥干部在学风建设中的带动作用，才能切实提高学风建设的质量，才能更好地塑造文明和谐、团结进取、创先争优的学校风貌。因此，有效推进高校干部培养工作，培养高素质的班干部队伍，有利于更好地为学校学风建设提供有力保障。

（八）主动担当作为，强化责任意识

高校干部在学校中扮演着桥梁纽带的作用，大部分干部也能想同学之所想、急同学之所急，为学校活动的正常进行发挥必不可少的作用。但还是会有少数的干部缺少担当意识和责任意识，在其位不谋其职，发现违纪的行为，既不制止，也不汇报；存在佛系心态，不主动作为，缺少担责精神；甚至有严重者带头违反规矩，如代替考勤、考试作弊等，这造成了恶劣影响。这些不担当、不负责的干部也严重影响了干部队伍的整体形象，造成了消极的影响。因此，培养干部主动担当的精神和强化责任意识必不可少。一方面可以通过定期举办座谈交流会，组织干部定期参加，交流大家的工作进展，互相监督、互相激励，对工作定期汇报；另一方面可以发挥模范带头作用，多宣传典型的优秀干部案例，使其作为学生干部的榜样力量，鼓励大家积极作为，增强责任意识。

（九）转变思想意识，树立内在动力

很多高校对干部的培养不足，究其原因还是由于学生、老师、学校领导对培养工作缺少正确的认识，对培养什么、如何培养、为何培养等问题没有

充分的认识，因此积极性也不高。还有人觉得，将学生干部运用到工作当中就是对学生干部的培养，其实这是重使用、轻培养的体现。因此不能只重视办事效率而忽略了对学生干部思想和行为上的培养。让学生干部真正树立起为同学服务、做同学中的榜样的意识。学校多组织相关的活动，让干部都能参与其中并让他们能够切身感受到自己工作的意义，内心愿意去从事自己的工作，变被动为主动，真正融入自己的岗位职责中去。

（十）建立健全公平公正的选拔机制

建立科学合理的选拔机制是培养优秀学生干部的前提基础。目前在选拔的过程中还存在一些问题：一方面选拔程序还不够规范，选举方式过于单一，有时选举过于盲目和随意，导致选拔工作无法科学有序地开展；另一方面选拔标准还不够严格，不同的选举部门、学院、老师等对学生干部的选拔标准是不同的，仅因单独的某个标准来选拔是无法满足要求的。另外，在选拔的过程中还存在一些掺杂人情关系的现象，使得选拔失去公平公正的原则。因此在选拔的整个过程中都应该引起我们的重视，做到公平公正科学合理地选拔出学生干部。一方面需要严格规范选拔的程序，制定科学合理的选拔机制，对其分阶段进行，比如第一阶段考查成绩、身体素质，第二阶段考查专业技能等。对选拔的整个流程做到公开透明，拒绝盲目、随意。另一方面严格制定选拔的标准，根据具体的选拔内容，结合工作性质，充分分析岗位需求，多方面考虑，由优秀学生干部和老师共同制定一份统一的选拔标准，形式可以多样，多方位全面充分考量，拒绝把成绩作为唯一的标准，并严格按标准执行，杜绝掺杂人情关系等因素。

第二节　对学生干部的考核

学生干部的绩效考核是为了通过绩效考核达到激发学生干部的工作积极性，提高学生干部工作绩效，最终提高学校管理工作绩效的目的。目前，学生干部管理中普遍存在着重选拔使用、轻培训考核的现象，因此，要加强制度化建设，建立和完善学生干部考核、评价和调整机制，打破学生干部"终身制"，彻底解决"干与不干一个样，干多干少一个样，干好干坏一个样"的不均衡现象。对学生干部进行考核评价时，要把握严格的考核方向，坚持定期考核与日常工作中考核相结合的考核原则，使用学生干部自我评价、教师评价以及学生评价相结合的考核方法，采取定性考核和量化考核的模式，对学生干部的工作态度、活动参与、任务落实、经费使用及与其他部门协调合作等工作内容进行总结，从德、能、勤、绩等多方面对学生干部进行立体交叉式的综合考核；根据考核结果对学生干部进行适当激励，在评奖评优、推优入党、就业推荐等工作中要积极为学生干部争取正当的荣誉和利益。

（一）强化管理

完善相关的管理机制，进行科学管理、规范管理。建立学生干部信息库，动态反映其主要工作业绩、学习成绩等内容；同时实行学生干部向班主任乃至党支部工作汇报制度，增强班主任及党支部对他们的了解；最后可以建立目标管理与过程管理相结合的制度，跟进工作推进情况，要求完成分内工作，检查目标完成情况。

（二）抓好考核

对学生干部必须要有有效的考核制度，如果干好干坏没有区别，就会影响学生干部工作的积极性。具体做法如建立学生干部年终述职的民主考核制度，并建立一定的指标体系和权重，重点考核学生干部的政治素质、工作态度、工作能力、工作实绩、作用发挥和群众基础等。

（三）建立试用和淘汰制度

该制度一方面可以保证学生干部队伍的工作能力和综合素质，另一方面也可以鼓励和鞭策个人积极工作、尽快成长。另外，在考核中还要拿出一定比重的成绩考核来强调对于学习成绩的考察，在为学生干部提供全面发展锻炼机会的同时，不要忘记或放弃对于其自身最基本的学习任务的监督与促进。

（四）建立有效的奖励机制

考核结束后，可针对不同的个体采取不同的奖励机制，以满足学生干部个性发展的需要。同时，适当的奖励也是对学生干部工作的一种肯定，可以通过这样的方式不断地提高他们工作的积极性，使他们增加成就感。我们在制定奖励机制时可以从个人需求出发，一方面从上升空间出发，从干事到部长到主席都是一种奖励；另一方面从学习方面出发，提升其工作能力，帮助其树立发展目标等。

（五）畅通建议及监督渠道

学生干部工作围绕着同学，那么服务同学也是工作的职责，因此可以设立一个信箱或者邮箱，提供给同学、老师对干部工作意见的投递渠道。学生干部可以及时根据大家对干部的工作意见和评价科学合理地调整工作状态。

（六）多方面全面考核

考核的内容不仅表现在工作完成度上，还表现其德行上，也就是对其思想政治素质、道德品质等方面综合考核。首先，可以通过领导老师打分，即通过对学生干部最熟悉的老师打分以达到公正公平；其次，可以让学生干部之间互相打分，由成员及上级直接评分；最后，可以大众评分，通过学生干部服务的对象同学来评分。这样可以实现对学生干部进行多渠道、多途径的综合考核。

学生干部是高校学生管理内容的重要组成部分，队伍整体的素质高低直接关系到学校规章制度是否能严格落实与执行以及各类活动能否有序开展。因此，应从学生干部身心特点出发，紧跟互联网时代，掌握常用软件媒体使用方法，把说教式教育变革为可读、可看、可听、可讨论的案例分析，学习处理问题的技巧和方法，从单个人或小部门的自我讨论增加成50人左右的团体辅导。在活动中增加了解共同成长，从朋辈的交流分享增加到老师或高年级优秀代表的榜样示范带动，有序良好的培养制度能使高校学生管理工作落实到位，校园文化建设取得成效，促进营造良好的校风、学风。

综上所述，要高度重视学生干部的选拔、培养与考核，这既是引导当代大学生健康成长、促进高校和谐健康发展的需要，也是培养和造就中国特色社会主义事业合格建设者和可靠接班人的需要。

第二部分　学生干部培养实践案例分析

从高中进入到大学后，许多同学的身份变得多样起来。部分学生加入了各种各样的学生组织和社团，变成了老师的小帮手，成了上传下达、协助老师帮助同学的桥梁，在此基础上，学生干部的角色就变得丰富了。老师想要有个品学兼优、德才兼备、工作勤勤恳恳的学生干部，同学希望有个能为大众排忧解难、有号召力、能起带动作用的榜样，对于初入大学的"萌新"来讲，面对这些期望都还有一定的距离。优秀的人才都需要时间的锤炼，因此如何培养出一群优秀的、能起带头作用的学生干部，是每位老师都必须要思考和面对的问题。

新时代的同学们，身处信息飞速发展的时代，通过网络和便利的交通能看、能听、能体会到各种新奇的事物，能感受到世界的各种变化，视野是相当开阔的，对社会的参与度也非常高。这些学生往往充满奇思妙想，有较强的可塑性。但是由于学生干部的第一身份始终是学生，既有成年人的自信、乐观和责任感，同时又具有强烈的自我意识，有冲动、情绪化的一面。因此，学生干部在工作中会经历和碰到很多事情及困难，当然也会伴随着各种各样的心理变化。一个人会经历不同的事情，而同种类型的事情也会出现在多个同学的身上。即便是资历非常高的专家或是一线工作经验丰富的班主任，也都没办法在学生干部的培养过程中做到尽善尽美，将所有情况预估到位。因此，为了尽量解决以上困难，对已经发生过的案例、出现概率较高的典型案例进行梳理，并做分析，以尽可能减少学生干部在工作中的挫折感和无力感，减少一些不必要的困难和挫折，为学生干部的培养路径提供值得借鉴的方法，找到类似事件的处理方式。

第一章　案例分析介绍

以往的案例分析很大程度是针对我们的教材、书本或者一些抽象的概念性的内容而产生的教学方法。一般而言，我们会选择真实发生过的、有借鉴意义的和典型的事件，当然，有目的地创造一些案例也是有必要的。案例分析在学生干部的培养中是非常有必要的，其中一个重要原因就是要和现实生活中的实际例子挂钩，使其更具现实意义和代表作用。案例分析要求学生工作者和学生干部将自己放在决策者的角度来思考，预料可能发生的问题和情况，并做出判断。对于学生干部而言，从决策者的角度来思考有利于解决自身面临的困境，也有利于化解团队出现的困境，以增强大家的实操能力。

就目前的情况来看，案例分析方法在国内慢慢普及并受到推崇。但是很多书籍甚至是教科书上的案例都存在一个误区，只是将案例放置在本章之前，作为话题导入，没有进行深刻的分析，或者往往依靠讲解的老师进行分析，那么这样的分析必然带有主观性，甚至存在偏差，这就没有真正达到案例分析的要求。针对本书的立意，我们希望将案例呈现出来，并针对出现的问题加以分析，以供正面临这些问题或即将面临这些问题的老师和同学借鉴和探讨，因此我们认为案例分析一定要做全、做深，不能为了呈现案例而写案例，或者只是呈现没有分析，造成理解上和运用上的偏差。遇到一些真实发生过的案例，如果仅仅只是还原现场，归纳资料，而不对案例进行深入探讨和剖析，以及思考案例的适用程度、警醒程度，就不能把案例的作用发挥出来。只有全面、深入、正确、客观地对案例进行研究，才是专业化的案例分析流程。

一、案例分析法概念

案例分析法（case analysis method），又称个案研究法。1880年，由哈佛大学开发完成，经过长时间的论证和使用，渐渐形成了现在我们常说的"案例分析法"，现在成为被广泛借鉴用于培养人才的一种重要方法。它主要是结合相关资料对单一事件进行分析，得出事件一般性、普遍性的规律的方法，通过使用这种方法对需要培训对象进行培训，能明显地增加培训对象对各项业务的了解，培养培训对象良好的人际关系，提高他们解决问题的能力，增强团体的组织能力、管理能力和服务能力。

二、案例分析的作用

通过案例分析法可以突出实践效果，提高学生的综合素质。

1.案例分析法是培养学生干部实务能力的有效方法和途径，其突出的实践性特色具有单纯教育无可比拟的优势，可用于培养大量的实务人才，提高了学生查阅相关文献资料方面的能力，为从事科学研究打下了一定的基础。

2.使学生有身临其境的感觉，在锻炼学生找类似事件的具体办法、提高能力方面具有传统理论讲解方法不可比拟的作用。案例来源于实际，案例也必须服务于实践，学生们积极思考使所学的知识得到及时消化，也提高了学生运用知识分析现实问题的能力。

3.这种原生态的师兄师姐案例再现，使得学生在学习过程中不断提高学习兴趣，激发学习好奇心和积极性，将抽象的、难懂的培训转变成一些活生生的案例来讲解。高校注重培养人才的综合能力，培养学生干部逐步养成从角色职责出发分析问题的良好习惯，在积极吸取案例知识点的基础上，树立起唯实唯责的良好氛围，提高学生干部的综合素质。

三、案例分析的注意事项

（一）尊重学生的创造性

由于案例式培训不可避免地具有一定的案件模糊性，很多案例在学生分析过程中出现了教师没有设计到的发展情况，这就需要尊重和发挥学生的创造性，并对相关问题进行适当的引导，但需注意不能禁锢学生的思维。当他们从不同的角度分析问题时，也会出现许多合理的答案，所以要更多地尊重学生在分析案例过程中的创造性。

（二）提高案例的趣味性

案例呈现注重的是展现案件的全貌，具有一定的复杂性和多变性。所以教师在选定讲课案例时要更多地关注案例的趣味性，这样学生在分析案例时才不容易感到枯燥，并能更快地投入到案例分析中，打开思路找到答案。

（三）案例选定时需体系化

案例在选定时要有相关性，并且不用对相互之间重复的关注能力点进行训练，而是要考虑整个培训的主要章节和重点内容，从而最大限度地覆盖内容和知识点，唯有这种成体系的案例才可以更具全面性；同时这种案例之间还需要注重相互的逻辑关系，训练需要具有一定的系统性，案例之间具有一定的逻辑关系之后，学生训练起来才能更加具有连贯性。没有任何关联的案例编排将直接影响学生的学习兴趣。

（四）案例选择需要结合时事、大事

撰写相关案例时，需要进一步考虑近年来社会公布的各种学生干部的突出问题，有针对性地选择一些常见的进行训练，例如，服务范围、角色定位等。

（五）选择恰当案例，找寻最恰当的解决策略

确定时间、地点、目的、方式、对象、内容，制订培训计划。可单人、可划分小组、可全体集中、可线上或线下，从平常收集的资料中选择恰当的案例作为个案，让参加者熟悉个案内容，并在实际应用中结合时代变化和角色转换，找寻最恰当的解决策略，学习后要有总结并汇总存档。

（六）案例的选取和延伸

学生干部是正能量的宣传者、执行者、带领者。案例延伸，是让学生干部在学习到某一知识技巧中通过仔细观察现实生活并能应用，举一反三地分析和解决问题。因此，案例要围绕人才可持续发展选取，为人才培养服务。

本书的案例分析是在学生干部实际培养过程中出现的重难点、高频率典型问题的基础上，找出解决问题的处理方式，寻找相似情况的应用性，使案例更加具有实际操作意义。在培养过程中，通过案例可以使学生干部生动直观地体会到其中的内涵，而且真实发生的案例更具有说服性，通过案例及分析可以让学生干部更为全面深入地把握工作开展的方式方法。同时，也可以通过报纸杂志、网络媒体、同行交流、自身经历、案例征集等方式收集案例，或者为达到教育和培养目的创造典型案例，我们需要对案例有深刻的理解和多角度呈现把握，挖掘既来源于生活又超越现实生活的、具有一定目的性和真实性的案例分析材料。相信在丰富多样的典型案例及专业深刻的分析之下，一定能带给学生干部不一样的感受和体验，也希望通过真实典型的案例引起专家学者和一线工作人员对学生干部群体培养的更多思考。

第二章　常见案例与分析

在与学生干部沟通交往中，以及学生干部处理日常事务的过程中，都会遇到各种各样的问题。不同年龄层次、不同性别、不同专业性质的学生干部在待人接物和处理工作时会有不同的表现。相应地性格迥异、做事习惯不同的人组成一个学生干部团体，或多或少都会产生各种各样的摩擦。尤其是自我意识强烈的新一代学生干部群体，个性更加鲜明，因此在和他们的相处中，更要注意方式方法，把握当代学生的特点，因材施教，在保持这个群体鲜明特色的基础上，做好引导工作，帮助他们提升责任意识、团队意识，有大局观，做好新一代学生群体的榜样。针对常见的、典型的和需要共同探讨的一些案例情况，本书进行了梳理和分析，并从中得出经验和结论，为后期培养教育打下了基础，提供了思路。

在工作中，常遇到学生干部缺乏纪律意识怎么办？当学生干部受到委屈时如何应对？当工作与学习发生冲突了怎么办？工作久了，出现倦怠怎么办？作为带队教师，抑或是人生导师、知心朋友，该如何去引导呢？作为学生干部，一定会面临抉择，一定会遭遇挫折，这个时候，如何教会学生正确看待奉献，如何正确平衡内心，与他们的沟通如何开展，使命感、担当责任、情绪管理怎样实施都值得思考和探索。我们既要引导学生干部学会倾听、坚持、主动、合作，成就自我、成就集体，又要正视学生的独立个性，真正培养出有时代特点、有当代年轻人特性的新时代学生干部。基于此，本章共收集有代表性案例 27 个，并一一进行分析，正视目前遇到的问题，提出解决的方案，为后续学生干部培养的开展理清思路，也给新加入或迷茫期的学生干部一点建议。并且更多的是希望一线工作的班主任、辅导员或是从事学生工作的老师们能在繁忙的事务性工作中，留一些时间给自己思考，结合所在学校学生的具体情况，慢慢摸索出最为适宜的培养方式，使自己的工作更具创新性，也能使学生更加全面、更加个性化的发展，真正做好为党育才，为国育人。

案例一：学生干部缺乏纪律意识怎么办

一个班级的班风、班纪反映了一个集体的整体风貌，优秀的班集体往往拥有良好的班风。要做好班风建设，就对班上的学生干部提出了更高的要求，班上学生干部要能严格遵守班级纪律，起到带头作用，这对班级养成优良的班风起着关键的作用。

李××同学在大一入校后便成功当选班级纪律委员一职，任职纪律委员后，他凭借着中学时多年的干部经验，对大一刚开学阶段的班级课堂纪律整顿得也确实挺好。大一的他，对学习工作充满热情，班级的课堂纪律在他的管理下一直良好，可因为到了大学，也许是受到大学自由的学术氛围的影响，很多同学开始陆陆续续地缺课。而且大学和中学最大的一个不同点在于，大学并不禁止学生在上课期间携带手机等电子产品，甚至一些老师还会要求学生带手机来上课，以方便使用雨课堂进行签到以及上课PPT的发送。在课堂上，老师并不会刻意去查学生是否在玩手机，是否在认真听课，很多同学都趁机会玩手机，上课玩游戏、看电影、听音乐，样样都有，但同学们在课堂上也并未发出影响课堂秩序的噪声。李同学这下犯难了，以前中学时他作为纪律委员的主要职责就是让同学们保持课堂安静的纪律，以及查处带手机等问题，到了现在，他作为一名大学生纪律委员，管也不是，不管也不是，在这种进退两难的境地中，他渐渐对这些现象也无助了。到了大二，李同学对这些班级纪律也看得淡了，只要同学们没有大声喧哗，没有影响课堂秩序，他一向是不会管其他同学在私底下做些什么的。大一的时候他还会出于一种身为班干部的责任感，纠结一下出现纪律问题时要不要去管，现在他都以这是大学生自由风气下正常现象的态度，对这些违纪违规现象淡然处之，甚至他也会偶尔逃课出去打打球，遇到自己不喜欢上的课他也悄悄玩手机。也是在这种缺乏纪律管理的情况下，班纪班风也变得更加散漫自由。课堂点名，总有人存在侥幸心理，心想这次点名如果点到了自己也不亏，没点到自己那就赚到一节课的自由活动时间。学生出勤率极低，也就偶尔需要班级测验的时候教室才塞满了人，连任课老师都诧异原来这个班正常上课有这么多人。很多同学对课程成绩也保有着60分万岁的态度，上课不认真学习，到了期末，很多同学的书本都还是崭新的。上课认真、成绩好的同学，到了期末是叫复习，而大多数成绩、经常缺课迟到的同学到了期末才刚开始预习课本知识，最后的考试成绩可想而知。到了大三，李同学也渐渐习惯了各种违纪违规的活动，上课经常带头迟到，影响恶劣，专业课也经常缺席，班级风气也越来越差。大三这一阶段的学生都开始以违规违纪为荣了，他们开始带坏整个学校的学习风气，重修上课总是缺课，上课点名后就悄悄溜走，自认为给学弟学妹们留下了一个个潇洒的背影，殊不知这是在带坏学院风气，影响恶劣。

案例分析：

初入大学，面对大学和中学时期迥然不同的教学理念及学术氛围，不少学生难免会产生极大的心理落差。有的学生会想，原来大学的自由是上课可以随便玩手机老师也不会管你，甚至不去上课老师也可能发现不了你，只要最后自己的成绩考过了 60 分一切都万事大吉，于是就这样过度放任自己，上课经常不去听，作业也不认真完成，去上课了也是坐在最后一排安安静静地睡觉，这样的学生主要因为在中学时期受到的外部约束力过强，他们干什么事情都束手束脚的，而到了大学后，脱离了老师以及家长的束缚，他们认为自己终于自由了，想干什么就干什么，自由自在地，好似脱离"牢笼"的飞鸟，他们缺乏自我约束力，并没有意识到自己正一步步走向深渊。而在班级中作为同龄人的纪律委员可以作为这群孩子脱离家长老师束缚阶段的外在束缚力，帮助学生们更好地向自我约束转型。显然案例中的纪律委员李同学并没有意识到身为班级纪律委员这一职位发挥的重要作用，他也在大学新理念、新环境的冲击下渐渐迷失了本心，认为自己的本职工作任务可有可无。在面对班级学习风气越来越差的现状时无动于衷甚至毫无察觉，认为一切都是大学自由风气下的自然现象，显然他忽略了作为班干部纪律委员的重要作用，缺乏班级纪律意识。其实进了大学，班干部不一定要把同学们管得死死的，毕竟大家都是成年人了，过多的约束反而会起到反作用，从而造成一些不可控影响。作为一名班干部，更多的是起到一定的带头引导作用，其实大多数学生并不是想逃课，只是在很多人逃课的风气影响下，觉得自己逃课了也没什么影响，他们缺少一种正向的榜样指引，尤其是在案例中纪律委员李同学都开始逃课出去玩后，这些同学逃课也变得更加心安理得了，逃课这种行为往往只有 0 次和无数次，很多同学尝到了逃课的"甜头"后，以后上课前都会想着要不这节课逃了算了，在这种思维模式下的学风可想而知。教师作为一名管理者，更重要的是管理学生干部工作，确切落实现阶段学生干部工作现状，不被表面现象所迷惑。因此对学生干部的心理辅导显得尤为重要，可以经常开展干部交流会议，分享自我管理心得，引导干部以积极的态度工作，或许他们的工作任务并不重要，但他们那个职务所代表的班级形象却很重要，很多同学都是下意识地以班上班干部的行为为标杆，如果班级纪律委员都开始逃课、上课打游戏，学生们就会想：连纪律委员都这样了，我逃个一两次课也不过分吧。所以，教师作为一名管理者，应时常保持和班干部的联系，引导他们树立积极正面的形象。而且班干部也会有失职的时候，如果他们的行为与职务不符时，应当及时让他们反省检讨，必要时采取革职处理，这样才能维护班风纪律。教师应时刻关心学生们的心理变化，不然原本一名优秀干部，很可能会在周围环境的影响下误入歧途。我们可以让班干部定期提交自己的工作心理总结，并及时给他们解答回复，这样才不至于让他们迷失了方向。

案例二：论学生干部学会沟通与担当的重要性

经过新一轮的学生会换届后，系部团总支副书记小磊同学接到了他上任以来的第一则通知：学校决定在 2020 年 11 月 20 日隆重举行建校 50 周年庆祝活动。希望各部门上下齐动员充分展示我校风采与辉煌成就。接到通知后，小磊同学立即将该通知转发在了学生会干部群里，并通知大家召开内部会议商讨校庆的具体活动内容。经过商讨，大家决定用四百名同学在操场上摆出"校徽"及"热烈庆祝某学校建校五十周年"的文字图案来庆祝建校 50 周年。于是小磊同学将任务分配给各部门，组织部负责策划这次活动；体育部负责现场人员调动以及活动的排练；宣传部负责文案宣发，具体事宜由各部门与部门干事商议后，便结束了会议。很快组织部就将具体的活动策划交给了小磊同学，小磊同学大致浏览过后觉得策划没有问题，便将策划案发给了大家。没有再次组织会议商讨方案的可行性，也没有进行方案预演，各部门之间也没有进行良好的沟通。

等到活动排练时，各班班长听从学生会体育部的安排将参加排练的同学以男生一排女生一排的队形整理好。但由于队伍需要整理成一个 20×20 的正方形，所以体育部的干事在现场开始调整同学们的站位，但是不用移动位置的同学站在操场上无所事事。由于学生会组织部干事没有提前将排位情况发给各班班长，调整位置过程中浪费了大量时间，导致大部分同学都开始发牢骚，一时间各部门负责人都不知道该怎么办。这也难倒了小磊同学，由于缺乏处理相关事件的经验，小磊同学没有及时安抚同学们的情绪，反而把体育部部长叫来并质问他们为什么组织得如此混乱。体育部长辩解道，这次活动方案策划本身就有问题，我们只负责现场人员的调动，主要还是因为组织部没能提前告知班长占位情况。接着小磊同学又叫来了组织部部长，组织部部长说他们部门只负责策划，现场工作是由体育部负责的，是因为他们在组织协调上没有沟通好才浪费了这么多的时间。小磊看着两位互相争执的部长，无奈地让班长通知大家解散了。最终这一次排练由于时间大量浪费而草草收场。

案例分析：

作为团学会学生干部，常常都需要负责一些大型活动的策划、组织等工作，从上述案例来看，小磊同学作为系部团总支副书记，尤其是作为某一项大型活动中把控全局的重要指挥者，在接到任务时，并没有经过充分思考和调研讨论，就只是单纯地将任务分配给了各个部长，缺少在各部门之间的联动工作。组织部部长将这次活动策划方案初稿交给小磊同学后，由于缺乏组织大型活动的经验，小磊同学只是大致地浏览了一下策划方案，再加上刚换届的原因，导致小磊同学对工作流程的不熟悉，造成各部门之间沟通不到位，从而间接造成了排练活动中时间的大量浪费。小磊同学作为学生会系部团总支副书记应该统筹好学生会各部门，为部门与部门之间搭建好沟通的桥梁，而不只是一味地安排事务性工作。同时在学生们开始抱怨后，不仅没有及时安抚同学们的情绪，反而先去追究其他部长的责任，可以看出小磊同学缺乏勇于担当的精神，但这种担当意识恰恰又是作为一名学生会干部不可或缺的精神。学生会的各部门既是一个独立的个体又是一个团结的集体，此案例体现了部门与部门之间缺乏积极有效的沟通。如果能够及时沟通也不至于在活动中手忙脚乱。在问题已经出现后，各部门负责人不仅没有想出一个好的解决办法，反而互相推诿责任，和小磊同学一样也是缺乏责任感的表现。

那么，基于以下这种情况：

小磊同学第一次负责组织大型活动，在没有经验的情况下，应该首先向上一届相关负责人或是相关老师虚心请教工作经验以及记录相关注意事项等；学生会各部门在平时就应该加强交流，而不是以干好分内之事为目标，只有在良好沟通的情况下，才能更好地完成组织上交代的任务。

学生会的根本目的是服务同学，只有拥有责任和担当意识才能更好地服务于同学。

案例三：当学生干部受到委屈时如何应对

段同学，大学二年级在校学生，积极向上，乐于助人，热爱工作。求学期间担任过很多的学生干部，例如，初中担任了学校的学生会主席，高中担任班长、体育委员以及室长等等，一直以来，学生干部的工作经历都顺风顺水，没有遇到过什么大的挫折。上大学之后，他也是始终把"不想当将军的士兵不是好士兵"当成自己的座右铭,虽然大学的班级有接近七十名同学,相较于初高的四五十名同学,他非常清楚担任学生干部的困难将会更大,但他还是毅然决然地在班委竞选大会上,积极展示自己,并努力竞选班长一职,通过向同学们讲述自己曾经的学生干部经历、自己将来对班级工作态度的承诺等,给予了班级同学们很大的信任感,最后也顺利地担任了班长一职。

满怀信心的他做好了迎接更大挑战的准备,刚入学那个阶段,班干部的工作非常繁重,特别是班长,要收集近几十名陌生同学的各类信息,整理做成文档以及同学的建档立卡评选等工作,与初高中担任学生干部的经历相比较,虽然大学的这些工作烦琐并且会占用大量的休息娱乐时间,有时候甚至为了将收集的资料整理好后交给辅导员老师,段同学常常熬夜到凌晨,但是刚开始收集同学们的信息也认识了很多的新面孔,大家也为了建立同学之间的友谊,显得非常热情,段同学大学的学生干部工作也就这样展开了。

随着段同学担任干部时间的延长,与同学越来越熟,有时候为了给同学提供更好的服务,在班级征集大家的意见时,他常常收到五花八门的反馈,有的同学甚至完全不在乎班干部的感受,在班干部面前抱怨,冷眼相对,这些问题让段同学感到非常的委屈和懊恼。例如,在大二新旧班委换届的第一次班会上,考虑到刚进入大二,新的学期,新的征程,于是段同学作为班长带头在班上采集同学们对于班委工作的建议和意见,于是有的同学就提出:班级事务的通知这一块,能不能想想办法改进一下,因为大学里所有事情都在一个班级群通知,加上有时候同学们还会在群里边聊天,这样就会导致同学们获取有价值的信息显得非常吃力。确实如此,班级中常常出现这样的情况:一件事情通知了很久,相关同学都没有相应的反应,最后告诉班委自己压根儿就没看到那则通知。最后,经过与班级干部讨论,大家决定再建立一个"班级事务通知群",这个群就始终设置全员禁言,班级要事就在里边通知,本以为可以顺利解决同学们的这项顾虑,结果又有同学抱怨说:上大学之后已经非常多的群了:上课老师要建立群、学生会群、社团群、室友群,等等,再加一个根本看不过来,并且这个同学是班上的班干部,当时段同学也是耐心地解释:这是为了班级的建设,为了大部分同学的方便,但是这个同学仍旧不配合,连续几天使段同学难堪,段同学感觉非常的委屈和懊恼,觉得众口难调。

又比如,"优秀(模范)班集体"的申报是一项非常繁重的工作任务,不仅需要全班同学鼎力支持,更需要班级班委干部各司其职,一起出谋划策。当时,通知一出来,段同学代表班级和班上的其他班委积极向学部报名，并拿出百分之百的热情对待。但是当比对申报内容和标准来看时，又发现需要准备的东西还非常多，一次晚自习结束后，段同学代表班委向班级同学就某项工作安排征求意见时，同学们不仅不支持，反而窃窃私语，更有个别同学觉得这些事情都和自己无关。段同学觉得面对烦琐的工作自己并没有气馁或是松懈，但是当班级同学不关心集体事务，甚至质疑段同学的初心时，瞬间，委屈情绪陡然而增，心里有说不出的难受。

案例分析：

常有同学说，要做学生干部一定要有大胸怀，但学生干部的胸怀往往正是靠委屈撑大的。有些同学可能只看到人前常常是学生干部包揽了校内的各种评奖评优，却没人看到他们背后付出的汗水和泪水，以及有多少旁人冷嘲热讽的言语。在需要志愿者的时候，学生干部是第一个要顶上去的；在活动需要工作人员的时候，学生干部更是第一个冲在前面的。可能为了某一次集体活动，他们就需要从策划到准备、到执行一个环节不落地忙着，只为了能保证每一个环节的顺利进行。

那么，针对上述段同学的这种情况，其实可以从以下几个方面来展开交流。

引导段同学树立良好心态，积极加强与学生干部的沟通交流，引导学生干部明白，因为每个同学的性格、出发点等存在差异，所以对待同一件事情肯定不同的人就会有不一样的看法，在担任学生干部的过程中遇到许多委屈伤心事在所难免。但在大学中担任学生干部这些是值得的，因为在这个过程中能够收获的比那些难过委屈多得多，除了能力的提升外，曾经一起同甘共苦的伙伴们和美好的青春回忆是整个大学时光中最珍贵的。

辅导员老师要充分利用主题班会、主题团日活动等，加强班级建设与管理，尤其是要充分调动班级同学参与班级事务的积极性，让同学们成为主角，只有这样，班级整体的凝聚力才会逐步得到提升，从而有利于进一步营造班级良好氛围，引导同学们关心班级建设，配合班委干部工作，将个人的成长与班级的发展有效结合起来。

案例四：如何平衡学生工作与学习的关系

记得班上有位孩子，她的感悟让人印象深刻：我远远算不上一个不知疲倦的人。在做部长的近一年半时间里，学生工作之余的时间全部被我用来休息，放纵自己，也就是说几乎没给学习留时间。这也直接导致了我后半段成绩的极速下滑。大一的第一门课，98分，而大四最后一门必修课，60分。四年的成绩，完美地串联成一条下行的折线。如果真让我给自己四年的学习做个评价，那就如我最后一门课的成绩，勉强及格。

王同学是我带的第一批毕业班的学生之一。进校时，大学里的社团五花八门，通过一次社团交流会，她就被师姐独特的气场和过人的交际能力所折服，毅然决然地加入了外联部。在一年中，该同学积极表现，工作认真负责，获得不少师生的一致好评。此外，她还热爱书法并写得一手好字，经常参加学校的书法大赛并且取得不错的成绩。但是据班委们反映该同学偶尔也因为个人私事点名未到或迟到。大二，她自身能力相对较强，工作也比较认真负责，再加上她说的一口标准的普通话，说起话来毫不含糊，让人信服。因此顺利留任外联部部长一职，全面负责我院学生对外交流的联络工作及公共关系，拉赞助、为各大活动提供物资所需，保障活动完善与到位。起初，该同学带领干事们做得井井有条，后来，拉赞助一事有师兄师姐的关系也显得更容易些。所以大二时她沉迷在电子游戏的世界里无法自拔，常常打游戏到凌晨，室友们抱怨不断。大一的时候已经挂了两门课的她还没有引起警觉，班上通知重修选课时她也没有放心上，挂了科还是常常请假。此外，为了部门的工作，因外出拉赞助而上课请假，各科任课老师也对此不满，纷纷向辅导员反映情况。临近大三，她因多门学科挂科而面临学业警示，这时她才幡然醒悟。

案例分析：

在大一的时候，刚刚入校的新生对于大学生活还是很好奇的，而社团也是一种打开大学生活的方式，所以选择社团成了顺理成章的事，更别说在学长学姐们的软磨硬泡、循循善诱之下，多选择几个社团，甚至是仅仅为了抹不开面子就参加的大有人在。到了大二，熟悉了大学生活，自己也成了别人的学长学姐，角色颠倒过来，自然也就懂得了套路，再加上大二学业开始加重了，课余时间自然变少了。大学期间可以加入一个感兴趣的社团以快速融入学校，但主要的精力肯定还是要花在学习上，如果你因为社团和学生会的工作挂了科（当然，大多数人这么说无非是找借口，因为更多的时间用来打游戏、追网络综艺了），那是不是该反省一下了？以上案例可以看出王同学的自身能力是比较强的，并且她也热衷她的工作，但是学习和工作二者关系却没有处理好。平时每天上完课也没有留一定时间进行复习、整理、掌握好所学的知识，到期末的时候也没有花点时间复习下所学知识，这样把一学期的科目积聚在期末阶段复习是很累的，也不会有很好的效果。其对自己的学业没有一个准确的规划，凡事随心所愿，忽略了学生的天职在于学习，虽然大学的学习生活是"自由"的，但这种自由是具备条件的。如果在学业无忧的情况下，社团和学生会的工作还给你带来了乐趣，那你就大胆地继续"折腾"下去吧。

那么，综合思考来说，思想上学生要以学习为重，调节好工作与学习的关系。学生干部首先是学生，其次才是干部，学生的天职是学习，学生干部在主观心理上不能倒置学习与工作的关系，更应把做学生干部作为前进的动力来促进学习，保持优良的学习作风。发挥学生干部的带头作用，不仅要在活动上带头参与，更应在班级学习中带动学习氛围，只有这样双管齐下才能在学生中树立威信，提高效率，学会运用和管理时间。同时也要注意学习他人的学习经验，并总结自己学习的体会。打好人际关系，平时有时间的时候可以多帮帮周围的同学，当以后你很忙的时候，寻求一下别人的帮助，相信他们也会很乐意帮助你的。多向他人请教，也会帮到自己很多，经验可以让你少走弯路。学习和工作一样重要，但要有选择性，如果你觉得一份工作对你来说很有难度，努力了也没有什么结果，或者对你来说做了也没有多大的意义，也只是浪费时间，那么请放弃，试着再寻找其他的工作机会。但是，不要有一碰到困难就放弃的想法，长此以往，会变成习惯性的放弃。学习是为了以后更好地工作，所以，不要一门心思想着找兼职，赚钱；抱着学习、积累经验的想法去找份兼职，对你来说收获会比前者大很多。在学习和工作中不管遇到多大的问题，都不要烦躁不安，怨天尤人，这样只会于事无补。如果说身体是革命的本钱，心态则是工作和学习的方向，将心态调整好了，才能好好学习和工作，提高学习和工作的效率，也就不会觉得很累很辛苦了。从情感上来讲，所有学生干部巴不得在学习和工作上"双开花"。合理安排时间，提高工作和学习的效率，学习的时候认真学习，每天必须保证一定时间来学习、看书；工作的时候安心工作，认真负责，在工作中学习，积累经验。适当放松，做做运动或出去走走，保持良好的心态和健康的身体是学习与工作的基础。不要在期末考试来临的时候才忙着备考，这段时间也是学生会工作的收尾阶段，也会比较忙，一旦两者相冲突，很多同学就会忙得不知道该怎么办，压力很大，两个都不想放弃，死拽着，却没有效率。所以，要提升自身的综合素质能力，包括组织协调能力等。通常状况下，需要组织、参加各种学生活动来提高自身的综合素质能力。所以，干部的重要工作之一便是组织活动。如果把开展活动作为评价干部的唯一标准，那就是手段与目的的倒置。

案例五：于学习和工作的长河逆流而上

在近期的工作中，老师发现张同学近期情绪和状态都不对劲，就单独约谈了张同学。原来张同学高中时一直勤奋读书，但是进步不大，高考时没能正常发挥。但张同学说考上这所学校对她来说也算是幸运的，进入大学之后，她也是一直努力刻苦学习，更是在大一的时候就立下了考研的目标。她不仅上课认真，还不忘通过参加部门活动来丰富自己的课余生活以及拓展自己的能力，更是担任了班上学习委员，学习上更加刻苦专心，想着为班上的同学树立好榜样。到了大二，本着再去发展自己的其他方面的能力的目的，就去申请了学生会干事留任，并成功担任到了某个部门的部长，这一学年正是专业知识颇多的时候，由于申请了学生会干事留任，部门的各项工作以及与新生干事的工作的安排上也非常多，在学习上反而更加不能专注了，有一点空闲的时间都被其他各种各样的事占据了。在期中考试复习前期张同学明显觉察到学习上的退步，也有了许多焦虑的情绪，她还把这种焦虑的情绪也带入到了工作中，身为班委，和老师接触的时间很多，老师也发现了她的不对劲，询问了缘由才知道是由于身为班委，有许多事情要做以及部门中的事情很多让她学习的时间变少了，学习上很吃力，使得她对考研丧失了信心。了解后，老师对她进行了一些心理上的疏导，才让她的心理平衡了一些。在学习上，老师也通过讲自己的例子给她提供了一些学习上的建议，还给了她许多关于考研的宝贵意见，比如什么时候开始准备考研、打算考哪一方面的研、打算考什么学校、要看怎样的复习资料、从哪一方面复习开始，等等，这才使得她重新调整了自己的心态。

案例分析：

学生初入大学之际，总是豪情壮志，为自己设想了无数种可能性，定下了各种各样的目标，既然定下了这许许多多的目标，就该用以与之同等甚至是成倍的努力去全力以赴地实现它。也许难免会感觉到心力交瘁，这个时候，也要能够找到方法去平衡工作和学习，学会在工作和学习中找到属于自己的时间，去放松一下自己；遇到了解决不了的问题时，不要只想着自己一个人去想办法，工作上，可以去问问老师怎样做会更好，怎样做才能实现目标，等等；学习上，可以问问班上的学习成绩好的同学，如此，不仅能够收获工作上的进展，还能取得学习上的进步，不仅如此，还要有对目标"为伊消得人憔悴，衣带渐宽终不悔"的奉献精神，和"不怕功夫深，铁杵磨成针"的顽强拼搏的意志，以及"锲而不舍，金石可镂""不积跬步，无以至千里；不积小流，无以成江海"的坚持不懈的奋斗精神，而不只是过过嘴瘾，光说不做谁都会，这并不难，难的是说了就要做到并坚持不懈地去做，还要能够做好它，这就要求大家不仅能够安抚好自己，也要能够控制好自己。大学是一个小型的社会，这并不假，在这里你会受到各式各样的诱惑，接触到形形色色的人，参加许多数不清的活动和比赛，各种新奇事物会使你应接不暇。你如果没有随时安慰自己的能力，没有自己的坚持，那么就可能像温水煮青蛙一样，慢慢地被各种各样的声音吞噬而不自知，最后不仅忘了当初那信誓旦旦的诺言，就连自己的初心也不能坚守住，结果也让人深思和唏嘘。

从上述案例可以看出，张同学在初入大学时，还是抱着锻炼自己，提高自身素质的目标来要求自己的，在学习上，一直勤奋刻苦，毫不懈怠；工作上，力求完美，超前完成老师布置的工作并积极参加部门中的活动；身为班委，也积极布置各项工作，建立和巩固了老师和同学们交流的桥梁，起着承上启下的作用；身为学习委员，在学习上也起着风向杆的作用，看得出来，张同学在大一期间不管是思想上还是行为上都是力求上进的。到了大二，张同学因为留任干部，不仅有部门里的事需要管理和安排，还有班上的事也需要去完成，事情变得多了，时间自然也就少了，学习的时间也越来越少，张同学又是班上的学习委员，这个职位不仅是班上的班委，同时也要在学习上为班上同学树立榜样，但由于学习时间的减少，张同学的学习跟不上去，加之工作上的事情不断积累，就造成了心理上压抑和焦虑，使得工作和学习都耽误了，这个时候，她没有去寻求帮助，而是打算自己消化，但是事实上，有些事情是需要交流讨论才能出结果的。转而，向老师寻求帮助就是一个不错的选择。事实证明，确实是这样，张同学告诉了老师她的困惑后，确实也从老师那里得到了许多帮助，无论是在学习上还是工作上都比以前有了更多的经验，能够更加从容地去解决问题。不仅如此，在考研方面，老师也是给了她许多建议甚至是自己亲身感受，这不仅为张同学今后的学习方向指明了道路，还安抚了张同学的焦虑情绪。

那么，结合实际思考，站在培养学生干部的角度来说，要注意以下几点：

1. 要加强同学和老师的日常沟通和联系，沟通是促进双方进步的最好方法。和老师沟通，自己不仅可以从老师那里获得许多解决问题的方法，也可以让老师了解同学们的发展状况，而且很多问题也是在不断沟通的过程中发现的，在沟通中发现问题并解决问题，这是互益的过程。作为班委，加强和老师的沟通联系就是很有必要的，不仅是班上同学们的近况，自己的工作上展开遇到的问题也都可以作为交流的内容，虽然沟通是很有必要的，但是掌握好沟通的时间也是必要的，尽量找一个老师有空、自己没课的时间，这样才能把沟通的意义最大化。

2. 要平衡好工作和学习，工作和学习都耽误不得，两者并没有对立关系，而是相互融洽的。只要处理得当，把专业学习和工作都当作一个学习的过程。两者不仅可以互补还能相互促进。作为班委，如果能在从事的工作中提高自身的思想觉悟和文化素质，增强自身独立思考问题、解决问题的能力，这样就能对学习有促进作用。班委和学生会干部的工作本来就是一个学习锻炼与提高能力的过程，因此要求班委做有心人，能够把自己在工作中所增长的能力应用到文化课的学习中，再把自己的专业、文化课学到的专业知识放到工作中实践，这样工作反而能促进学习。

3. 要学会科学地制订、严格地实施自己的学习、工作计划，在安排工作的时候，要考虑到学习的安排，如在学习的时候不可以考虑工作，不可以在考试期间安排工作，不然就会影响学习。

4. 要保持良好的心理状态和心理素质。在学习和生活中，不可避免地会遇到许多问题，如果事情还没有完成，自己先慌了，这是不行的。在面对问题时，不逃避，控制好自己的情绪，不去埋怨，而是积极地去谋求解决方案。做到遇事有法、遇事有方、遇事有则。

案例六：目标感的升华—使命感

李同学，陕西人，2018级信息与计算科学专业学生，曾担任某学院团委书记助理、学生会副主席。李同学的大学生活，与大多数同学不同，当其他同学将课余时间用于休闲、娱乐的时候，他却活跃于学校的各类学生活动中。大学四年，他担任了四年的学生干部，获得了许多省级、校级荣誉，无论班里、系里或是学院的团学工作，他都游刃有余，处理得井井有条。用他的话来讲："学生干部是管理者、引领者，更是服务者，要承担起做青年学生榜样的责任。"

李同学的大学生活节奏比较快，除了上课，他的课余时间基本穿梭于办公室、会议室和宿舍之间，忙碌而充实。在学生干部的路上能走这么远，他说，这也是他最初接触团学工作时没有想到的。大一时他是团委组织部的一名干事，跟着高年级的学长、学姐整天忙于各种活动，学会了很多为人处世的道理，也提升了自己的组织能力、沟通能力和团队协作能力，慢慢地热爱上了所在的组织。等到大二，李同学由于表现优秀、能力出众，成功竞选成为组织部副部长，也接触了很多大一的学弟、学妹，自己也开始指导他们组织活动，开展工作。李同学感到肩上的责任越来越重，也逐渐明确了自己作为一名团学干部的使命。李同学认为，作为学生干部，应当将团学组织的优良传统传承下去，为更多的学弟、学妹提供成长和实践的平台，真正让在校大学生在团学组织中找到归属感、提升自豪感、增强获得感。期间，李同学带领他的团队顺利完成了全院团费的收缴、团员信息采集、发展新团员等工作，进一步完善了各级团组织建设；组织了三期"青马工程"大学生骨干培训班，开展了15场次的理论授课及社会实践活动，使三百余名学生干部获益。由于工作出色，李同学曾被推荐参加了当地政府组织的为期40天的大学生见习，参与并学习了政府机关的日常行政工作；作为学生代表，他旁听了陕西省第十二届人大常委会第33次会议，切身体会了陕西追赶超越、建设"三个陕西"的新征程；他还参加了陕西省大学生骨干培训学校第十一期培训班，与省内其他高校优秀学生骨干一同聆听了众多专家学者的理论授课，通过丰富多样的社会实践活动，综合提升了自身的理论素养与实践能力。就这样一步步走来，李同学不仅成了师生眼中公认的优秀学生干部，也成了众多学生眼中的青春榜样，更成了学弟学妹们眼中的优秀学长。

案例分析：

一、如何培养学生干部的使命感

1. 首先培养学生干部的工作主动性：培养学生干部的积极主动性应当从端正学生干部工作态度入手，而正确的工作态度与最初加入学生会的动机有很大的关系。所以，在招募时需指定合理的招募条件，招募条件不应只看个人能力，更应把加入动机放在首位。现今很多学生干部加入组织的动机不够纯粹，一旦没有达到自身的目的，工作热度将会降低。此外，老人应发挥带头作用，让新人在潜移默化中培养自身的责任感和使命感。

2. 发挥团队协作精神：作为一个集体，队员之间应互帮互助，提升整体能力。为提高团队协作意识，可组织一些团队活动，促进成员之间深入了解、加强信任。打造一个高素质、高效率的服务团队。

3. 提供学生干部锻炼的机会和平台：学生干部作为老师和学生之间上传下达的中坚力量，他们的责任感和使命感关乎着我们的工作能否顺利开展。作为学校老师，我们应该多给学生干部锻炼的机会和平台，以提高他们工作的积极性和主动性，从而让他们真正认识到自身使命感所在。强化学生干部的思想政治理论水平，定期举办经验交流讲座，让他们通过社会实践提高责任意识与服务意识，这些都是必不可少的培训课程。但我个人在日常的学生管理工作中，更注重区别对待个体性差异的学生干部，人的个性千差万别，针对学生干部不同的个体差异来区别对待以调动他们的积极性。

二、如何让他们正确认识到使命感对于人生的价值和重要意义

做人，是一定要有使命感的。有了使命感，就会更加珍惜和热爱工作；反之，没有使命感，就可能缺少工作的激情与动力。对于一名学生干部而言，他的任务就是在服务好身边同学及老师的同时找准自身定位，从而寻找自身使命感。

在大学的四年中，肩上担负了学生干部的使命，这应当是我们成长过程中的一个骄傲。对于学生干部这个角色，我们应该抱有无限的热情和激情，在自己的工作中抒写自己的青春和风采。在最值得奋斗的年龄，我们有属于自己的使命，也有志同道合的朋友，这是我们人生最丰富和最宝贵的财富！这里，给大家几点小小的建议。

1. 善于学习，善于积累。你是最优秀的大学生群体中的代表，所以你必须承担更多，这是责任，也是义务！三人行必有我师，在学习和工作上，我们要善于向身边优秀的同事学习，也要善于向老师和同学们学习，通过学习来凝练自己的本领和素质。学生干部工作的特点就在于我们能和一群最具活力、最具创造力的青年在一起，这些人与我们一同成长和发展，也必将对我们今后职业人生的发展产生积极而深远的影响。

2. 善于总结，善于创新。当学生干部是一种经验的积累，是一种服务的传承，也是一种成长的超越。在工作和学习中，我们要知己知彼，要了解自己大学里应该和必须掌握的知识和能力，要能够及时总结和归纳好的学习方法和有效的工作经验。提高自我学习的效率和工作的效果，创新自我工作的思路和学习的方法，在有效的时间内最大化提升自我的全面素质，这些东西对我们将来顺利进入社会职场是有很大帮助的！

3. 善于取舍，善于选择。学生干部没有特权，也不是所谓的"官"，你必须要读懂自己的角色。我们的工作是服务同学，因此在工作中我们不能任性或是带着个人主义色彩，要一心一意倾听同学的心声。选择学生干部的工作，就意味着无私地付出，我们既要勤勤恳恳工作，更要踏踏实实学习。直面现实的问题，正确处理好自我工作和学习的时间，制订符合自己的学习和

工作计划，提高自身的学习和工作效率。

我们对自己的使命认识越透彻，就越有明确的目标，那我们的使命感就会越强烈。如果对客观现实缺乏足够的认识，那么，就不会真正理解人生，更不会有责任感。我们要为做人的使命感而活，这样可以看到人生追求生命真意、不屈的努力和坚持，获得更高层面的认知、更好的自己。

案例七：让青春绽放——乐于奉献

杜同学，男，2016级设计专业学生，曾任校学生会新媒体中心主任、班级团支部书记。自大一以来，杜同学严格要求自己，认真对待军训，2016年9月军训结束时荣获"军训标兵"荣誉称号。开学后，他参加了校学生会的纳新面试成为新媒体中心干事之一。杜同学还积极组织、参加各项党团活动，并在其中表现突出；在学院团委工作期间，他协同其他系成功举办了党团知识竞赛，在丰富同学业余生活的同时也加深了同学们对党知识的了解。他始终坚持用一个学生干部的标准来衡量自己的一言一行，十分注重党政知识的积累，关注国家大事，学习进步，发挥模范带头作用，为同学们树立了榜样。

身为学生干部，杜同学在学习中，充分利用时间，提高效率，用无限的热情来支配有限的精力，合理安排工作与学习，不因为工作而耽误学生的本职工作——学习，真正做到了工作、学习两不误。在各科的学习中都取得了优异的成绩。他还获得过"国家励志奖学金""学校一等奖学金"。在掌握文化知识的同时，他还关注国际、国内时事，通过不断阅读、思考，提高自己的能力，使自己具备了扎实的学术知识和研究潜力。在空闲时光，他还不断培养自己的实践能力，认真完成学院安排的认识实习、生产实习等。寒暑假还到工厂进行假期社会实践活动。

生活中的杜同学，乐观开朗，乐于助人。当班级贫困的同学遇到困难时，他首先发动同学捐款捐物；学校里面每次的救助活动都少不了他的身影；他多次组织同学参加学校乃至社会上的公益活动，热心帮助有困难的同学和社会弱势群体，并参加无偿献血。

作为一名新媒体中心的成员，面对时常熬夜加班工作，他没有丝毫抱怨，更没有轻言放弃，因为他拥有着极高的责任心，还有他始终将校学生会当作"家"一样对待。2016年12月，他在2016—2017学年第一学期学生会工作中荣获"十佳新人"荣誉称号。在2017年第二学期校学生会工作中，杜同学主动完成组织下达的各项任务，积极参加学校、团组织开展的各项活动，在新媒体相关工作方面做出了很大的贡献。这不仅锻炼了他，还让他从中学到了很多知识，使他得到了进步，也服务到了更多的同学，积极充当着学校与学生之间沟通的桥梁。他在 2017—2018 学年第二学期学生会工作中荣获"优秀部员"荣誉称号。2018 年 2 月，他参加了第三期"青年马克思主义培养工程"骨干班，并顺利结业。2018 年 6 月，他荣获第三届"青马工程"培训结业证书。2018 年 8 月，他积极参与学校 2018 年军训志愿工作，发挥了"奉献、友爱、互助、进步"的志愿服务精神，为安全顺利完成军训工作做出贡献，并荣获"优秀志愿者"荣誉称号。

在校学生会工作中，他始终坚持严格要求自己，对待工作认真负责、对待同学谦虚和善，杜同学是一名思进取、会学习、肯奋斗、乐奉献的新时代青年，他用自己的热情感染着周围的每一个人，用自己的行动践行着"全心全意为同学服务"的宗旨。他是老师心中的好学生，具备较强的能力和全面的素质；他是同学心中的好同学，总是鼓励和帮助着身边的人；他是新时代一名优秀的大学生，一名优秀的学生干部！

案例分析：

对于如何成为一名优秀的学生干部，应该具备如下几种优良品质。

1. 良好的思想道德素质是基本要求。学生干部本身的道德品质及其由此产生的道德效果对全体学生影响很大。高尚的道德情操是指学生干部的自身榜样力量和吸引、感召、引导人的内聚力。

2. 优良的能力素质是重点要求。作为学生干部应具备的能力素质包括很多内容，其中最主要的有以下几个方面。（1）组织能力。如何把性格各异、素质不同的同学组织成为一个集体，是考验学生干部的重要一课。多思多想，思考如何开展工作，如何把工作干好，只有多想才能更快地提高组织能力。（2）沟通协调能力。良好的沟通协调能力，能够保证整个团队工作的有序开展。（3）决策能力。学生干部应根据学校或社团、班级的特点和具体同学以及具体工作的实际情况，找出关键问题所在，权衡利弊，及时做出有效可行的决策。（4）分析判断能力。特别是对当前同学中存在的各种思想、各种表现和各种行为要明辨是非，没有正确的分析和判断，就没有正确的决策，也就没有正确的领导行为。（5）创新能力。要因地制宜，结合学校的特点，组织有特色的活动，开展有特色的工作，要敢于超越自我，超越前辈，也就是说工作要有新的思路、新的方法、新的点子、新的突破。（6）交往能力。要善于交流沟通和处理人际关系。

3. 良好的人文素质是基础。威信的作用至关重要，没有威信的同学也难以成为学生中的骨干力量。即使老师勉强委以重任，其工作也必定举步维艰。而威信的树立，首先要靠学生干部自身兢兢业业、任劳任怨、勤勤恳恳地为同学服务，这就需要我们的学生干部具有一定的人文素质。人文素质包含以下几个方面：开朗的性格、谦和的态度、博大的胸怀、得体的礼仪等。要想成为学生干部，必须在同学心目中树立威信，真正得到同学的信赖和拥护，才能具有感召力；必须使同学对自己的人品、才能心服口服，敬重、敬爱、敬佩自己，认可、接受、赞同自己。只有成为学生中的核心人物，才有可能在开展工作时取得"振臂一呼，应者云集"的效果。

4. 心理素质。良好的心理素质包括广泛的兴趣、丰富的情感、坚定的意志等方面。丰富的情感是联络和沟通同学之间关系的有效途径，它可以增强学生干部的感染力和影响力，得到同学们的信任和敬佩。同时，学生干部需对工作中出现的挫折和干扰有坚强的自制力。要善于控制自己的情绪，保持高度的自信心。这样，就可以带领同学们完成计划中的各项任务。

5. 集体素质。集体素质强调的就是团队精神。除了我们个人的素质外，集体素质不平衡，也会消耗领导层的精力。学生干部群体中，集体素质的合理构成是多个具有互补性的个体构成。作为学生干部，需要具备以下几种重要的素质：一是要有主见，但不主观，要有自己的独立见解，但又不固执己见，能听取别人的建议；二是要有胆识，但不莽撞，要能"出主意"，但又能征求意见，集各家之长；三是要善用人，既能显示自己的长处，又能充分发挥其他干部的作用；四是要多请教，自己要有主见，但同时又要多听学校团委和老师的建议；五是要综观全局，分工负责，合作共事，学会十个指头弹钢琴。每一个学生干部都要以平等的态度尊重其他学生干部，充分听取他们的意见，集中大家的智慧，合作共事，团结协作，同舟共济。只有大家齐心协力，工作起来才能有干劲，才能有成效，才能出成绩。

案例八：既然选择，就大胆去做

2020 年 5 月尤其让人印象深刻。在"疫情防控"的特殊背景下，学部开始了新一届的学生干部换届，与以往不同的是，本次学生干部换届的舞台从教室转移到了网络云平台，尽管如此，学生们依旧积极展现自我，让面试的老师备感欣慰。就这样，新一届的团总支学生会干部诞生了，作为老师，除了说明一下具体事务，当然还要鼓舞一下士气：既然选择了，就要学会承担责任；既然选择了，就大胆去做！

新一届团学会干部带着极大的热情投入到了各项活动中，在学生工作不断向前推进的同时，也渐渐浮现出了一些问题和矛盾。

事件一：

一天和两个学生干部加班，于是一起共进晚餐，吃饭过程中两个学生干部一直在回复消息，接电话，于是学工办老师打趣道：怎么比老师业务还繁忙？工作都你们俩做了吗？张同学抬起头哀怨地说道："他们都是来问我，我又不好拒绝，教吧，感觉还不如自己做了。"听到这里，学公办老师不禁冒出了3个疑问：第一，每个部门都是有分管责任人和部长的，事情最后却集中到个别人身上了，是不是有些学生干部没有履行好职责？第二，问问题的小干事们是不是觉得找到了偷闲的避风港？第三，所有事情都自己做了，团队其他成员如何成长？对此，两位同学你一言我一语说开了。张同学说："我让他们找负责人，结果负责人不懂操作流程，又让干事们直接问我。"老师问道："那你给干事说了以后，这个负责人又问过你或者干事操作流程吗？"两位同学齐刷刷地摇头。最后出现的矛盾就是咨询这两位学生干部的人越来越多，部分学生干部借机"偷懒"，陷入恶性循环，不利于后期学生工作的开展。

案例分析：

首先要肯定两位学生干部乐于助人的品德，表扬这样热忱的两颗心，但也要明确指出其中的问题。第一，分工意味着各司其职，各有所长，每一个岗位都代表一份责任，既然自己自愿选择了这个岗位，面试评委也选择了你，那么就要认真对待这份信任，努力熟悉部门日常工作，积极面对突发问题，创造性地开展工作，遇到棘手问题要独立思考，勇于解决，求助其他学生干部或者老师，而不是将事情推到其他人身上。长此以往，不仅自身能力得不到提升，反而还助长了"懈怠""懒惰"之风，部门内部向心力和凝聚力将大大减弱。第二，放手让干事们去做。不论是选择干部还是干事，都要明白"用人不疑，疑人不用"的道理，当初选择张三而不是李四就说明张三一定有让你欣赏的地方，既然如此就应该给干事们一个锻炼的机会，让其敢于试错，敢于在错误中成长。任何人成长和进步都需要时间和历练，不可能一蹴而就，采用因材施教和循序渐进的办法，让干事们先从小事做起，观摩一场活动、仿写一份策划、跟着干部去采买一次活动用品等，再到让他们独立开展一场活动，独立处理应急、突发问题等。在熟悉部门活动的基础上再根据每个干事的性格、爱好、擅长事项进行分工，做到"一专多能"，既让他们找到了角色定位和归属感，有主人翁意识，不至于出现"偷懒"等不负责的情绪，又能很好地发掘每位干事的作用，相互配合相互进步，促进部门向更好的方向发展，为学生工作的良性发展奠定了扎实的基础。第三，做好管理者角色。一个好的管理者，一定不会大包大揽，将所有事情都压在自己身上。要想成为一名好的管理者，一定要学会合理地分配和安排，作为部门的负责人，首先要清楚部门负责的工作、各类活动、事务的时间节点及注意事项，简言之，就是对部门的发展脉络及走向有整体的把握。除此之外，要学会根据部门干事的实际情况进行合理分配，学会将各类事务安排下去，做到心中有数、胸有成竹。如果因为干事们做事慢、容易做错、不放心就全部自己做，那么很快就会出现学生干部精力不够、多做多错、倦怠期等一系列问题，对于集体的发展而言也是不利的。最后，想要告诉所有的学生干部，做事情不要畏首畏尾，要大胆去做，勇于试错，错了就吸取经验教训，如果因为害怕或者偷懒而不尽力去做，自身发展就得不到保障，团队进步更是阻碍重重。

事件二：

学部学生会有一个部门，专门负责学生们的奖勤助贷事宜，工作十分具体，需核查的资料繁杂，包括系统及纸质档材料，同时评议时间周期长，因此要求学生非常细致且能在较短的时间内熟悉整个过程，能清楚评议要求、政策和时间节点，能为其他同学答疑解惑，对学生干部的要求较高。某天，要求该部门的大一学生干部收集资料，前期老师已经把要用 QQ 告知了王同学和李同学，让两名学生当月 20 号收齐，他们都回复说"好"，结果到了 20 号，老师让两位同学交材料时，他们都纷纷摇头说没有完成。老师觉得非常地诧异，于是问起了原因，原来是两位同学刚入学，不清楚资料收集的流程和目的，甚至没有看懂 QQ 消息，但是因为不敢直接问老师，也不敢问师兄师姐，害怕被批评，就干脆不闻不问。资料收集的进程被推迟，同时影响了奖助学金的评议进度，给学部工作带来了不良的影响。

案例分析：

既然选择了这个部门，选择了服务同学，做老师的小助手，就应该及时调整自己的站位和做事风格。刚入学、刚入部门，工作情况不清楚在情理之中，但不能成为你不做、不问的理由。首先，在进入该部门之前，就应该对该部门有一个初步的了解，知道这个部门主要做些什么，针对哪些人群，部门工作的目的及意义是什么，想想自己合不合适、喜不喜欢，不能盲目选择，否则也是没有责任感的表现。第二，学会"不懂就问"，面对看不懂的消息，两位同学同时选择了"不问"，最终导致了工作的失误，影响了团队的工作进程，甚至还受到了批评，岂不得不偿失？其目的都是为了把工作圆满完成，帮助困难学生获得资助，对优秀的学生进行奖励。因此，要学会大胆咨询老师、师兄师姐，在交流、组织的过程中，不断磨合彼此的相处模式，不断提升自身能力，最终促进团队的共同进步。第三，敢于试错，在错误中学会成长。认识问题、分析问题、解决问题是一个优秀学生干部必备的能力，遇到问题就退缩、逃避，问题依旧在那里，甚至越来越严重，永远不能因为害怕犯错而畏首畏尾，越是如此，不仅变得越发胆小自卑，犯错的概率还会增大。要多看、多问、多想、多做，并在此基础上，大胆去做，做出新意，做出亮点。

案例九：挫折中的"花明柳暗"

对于每一个刚进入大学的同学来说，任何一件事物都是新奇的，尤其是参加各种部门与社团，但他们往往都会因过于兴奋投入学生工作而忘记自己的学习。刚迈进大学的张同学也是非常激动，报名参加了学部的几个部门，在部门中作为一名干事也是非常积极的，他主动帮部长做一些事情，在工作中学习能力表现得也比较突出。同时，他也喜欢帮助同学，善于和同学沟通与交流，他经常在两个校区之间来回奔波，配合部长工作，从未说过一句累，也没有抱怨过任何不满，所以他在老师、部长和同学之间的口碑都很好，得到了部长和同学的认可。在疫情期间，张同学也积极在线上配合部长完成部门的各项工作。在大一快要结束的时候，提出想要竞选部长的想法，并且得到了很多同学的大力支持。在大二开学时，张同学在他的不懈努力下，工作认真踏实，且积累了丰富的工作经验，在竞选时，被上届部长极力推选，然后经过层层选拔，最终被选为了等同于部长级别的办公室主任。担任部长后，他积极写着部门的学期工作计划、活动策划以及负责招新工作，一门心思处理部门事情，积极地组织着部门活动，在部门中成了必不可少的角色。但是张同学大一时期的成绩并不是很理想，可能是因为没有好好地规划大学生活，也可能是还没适应学校的生活，不懂得合理安排工作与学习，导致其一心扑在部门工作而把学习成绩落下了。由于学校顺应国家改革发展，要求校学生会以及各二级学部进行改革，要求学生会干部不得有挂科，所以学部也在顺应学校改革，将学会生干部挂科情况进行统计，并及时做出调整，让干部正常工作。张同学就是其中一名，由于某门课程挂科，而被迫调整了部门与职位，最后他选择了去一个新的部门，这对于他来说是一个新的开始，重新规划自己的工作与学习，首先积极认真配合部内成员，做好分工工作，认真准备招新，给干事安排工作，配合其他部门活动，并安排得井井有条。其次，他把工作和学习合理安排，工作时就认真工作，把工作完成好，利用空余时间把自己落下的功课一点一点地补起来，同时在上课的时候，认真听讲，做笔记，不处理工作性事务，下课后再安排工作，调试心态，合理分配好工作和学习的时间，达到工作学习两不误的良好状态。张同学没有因自己挂科而没有留在自己所想留的部门堕落，而是换了一种乐观的心态，选择了新的开始，继续努力向前。

案例分析：

在大学阶段，能担任学生干部，即是个人能力的体现，也是群众基础的体现。随着时间的推移，工作经验在不断积累，能力在不断提升，但与此同时，学生的重心和关注点从学习转移到了学生工作上，慢慢变得不爱学习了，看书也静不下心了。老师在课上讲着，学生心里却在思考工作该如何开展，最终导致成绩下降，甚至出现挂科的情况。学生干部的第一身份是学生，学习一定是第一要务，成绩必然是检验你的重要指标。学生时代的各类评优获奖都离不开学习成绩，如果因为做学生干部而忽略了学习，影响了学习，将错失很多机会，长此以往，付出和回报不成正比，学生干部的积极性会大受打击，会忍不住问：这样真是值得吗？甚至出现心理波动，引发心理问题。恰恰是这种心理问题，最容易让心性不成熟的大学生失去方向，从而让自己原本有的积极态度消退，一旦有了这种心理，可能会导致学生本人自暴自弃，认为自己付出再多也是徒劳，甚至会产生仇视心理，将这一切发生的事情归咎于其他原因。所以当代大学生还得有一个乐观积极的心态。对于发生这种事情应该第一时间找自身原因，调整好自己的心态，而不是自暴自弃。保持自己原有的态度、接受事实、改正自己的错误、合理规划自己的时间，做到工作学习两不误。如果自身没能做好自我调节，就应当主动找老师和同学谈心。

从上述案例来看，张同学在大一期间当干事工作很积极，很努力，也很上进，但他没有把自己的时间安排好，以至于学习成绩并不是很理想，当学校改革时，任职办公室主任的他因成绩不过关等因素没有成功任职而被调到了其他部门，但是他积极调整自己的心态，保持一颗乐观向上的心来面对这一事实，并反思自己的错误，及时改正，合理安排和分配自己的学习与工作，不因为一点困难就选择放弃，而是勇敢积极地面对，没有将自己变得糟糕。

那么，结合实际思考，站在管理者的角度来说，首先要注重学生干部的时间管理。学习、工作是学生干部要面临的最基本的问题，如何处理好两者的关系，让很多学生干部都头疼不已。所以，在培训干部的内容中加上有效时间管理的方法，将会解决学生干部很大的问题，他们将不会再为无法集中精力学习而烦恼，不会再为头绪繁多的工作无法完成而担心。其次要注重培养学生干部的心态管理。困难和问题都是学生干部必须要面对的，在面对困难和问题时总让学生干部不知所措。所以，要培养学生干部保持一种积极向上的心态看待身边的一切问题，遇到困难时，要冷静思考问题，慢慢解决，最终总会成功的。同时也要加强与学生干部的交流。在学生干部因自己付出很多而没有得到回报时，会感到心里不平衡，这时需要加强与学生干部的交流与沟通，让他们保持一个积极的心态面对生活中的种种不平衡。可以开展一对一的情况了解，走近学生身边，让学生知道，老师们虽然需要他们配合工作、协助工作，但是也对他们的个人生活、学习、成长是非常关注和关心的，让学生干部不会因为坏情绪而影响自己的工作。

案例十：骄傲是要成就自己

2019—2020 学年，是特殊的一个学年，2019 级的师弟师妹，去了临港暂住，而担任学生干部的高年级同学，自然也要面对比以前更多的工作与责任。作为学生干部的高年级学生表示：选择了留干，自然就是要成为并成就一个更好的自己，找到属于自己的骄傲。

学生干部李同学说："如果问起，什么是骄傲，问起怎样成就自己，那么我想，骄傲就是成就更好的自己。"李同学曾在一个不算大的城市里读完高中，现在的她，在宜宾某高校就读。她没有出众的外表，没有内敛的气质，但是却有一个乐于助人的心；家里经济条件不好让她很小就明白了想要得到自己想要的东西就得付出相对的东西来换取。在她大一进校之后，便和室友一起主动报名加入学生会的青年志愿者分队，想要通过自己的行动去回报社会。高中阶段的复读经历让她在心中有了自卑感，但是她并没有就此放弃，也没有如一些不分昼夜地打游戏的同学一样放任自己、堕落自己。高中的学生会经历让她在处理部门的活动时显得更为从容，也更加得心应手。积极的态度和丰富的经验让她在队友中脱颖而出，并且良好的沟通能力也让她和负责人以及队员之间的沟通变得更加顺利。李同学经过努力与付出后，大二的时候，她成功成为青年志愿者的负责人之一。因为大一熟悉了部门的工作，所以在她担任干部的这一年中，部门的凝聚力也特别的强，大家都特别的团结，并且在和老师们对接工作时也能够准确地接收到老师安排的任务。大三的时候，因为学业的就业方向选择，她没有选择继续留任主席团，而是专心去提高自己的专业技能。李同学每天除去自己的上课时间之外一直都在自习室中采用边看视频边操作的方式来提升自己的专业技能，这些付出与努力老师与同学们都看在了眼里，在就业的选择上比起同年级的同学，她的目标与方向显得更加明确，并且她给自己定下的明确的目标与优秀的专业能力都给同学们树立了一个很好的榜样。在大三上半学期中，李同学的生活非常简单，活动范围仅限于教学楼、食堂、宿舍。随着她利用自己的空余时间在学习上的付出，比如说课前的预习、课后的复习、第一时间完成实验内容，这些都让她的知识比同班同学更加扎实。在遇见一些有含金量、能证明自己能力的比赛上李同学也会积极参加。

案例分析：

初入大学，大家都会有自己不同的选择，有一些同学会选择适当地锻炼自己，比如说大一加入学生部门组织，大二、大三继续留任锻炼自己；有一些同学会选择从大一就开始认真学习；还有一些同学会把自己的大学分为拓展交际圈与提升专业知识两个阶段。不论怎么说，大家都会按照自己选择的方向去努力，因为大家选择的方向不同，所以大家会有着自己不同的长处，也会有着自己的骄傲，比如说从一开始就认真努力学习的同学们，他们在专业比赛上能力会显得更强；一直在学生部门锻炼自己的同学在与人交际上会显得更加得心应手。不论怎么说大家都是在往自己希望提升的方向去前进，去遇见并成就一个更好的自己。如果说条条大路通罗马，那么属于我们的那一条道路是什么，这是值得我们去思考、去寻找的。虽然我们无法选择自己的出身，也无法改变自己的出身，但是我们可以选择去改变自己以顺应社会。不论我们选择了哪一条道路，都不要活在过去，看着现在的自己努力变成未来更好的自己，这才是我们应该努力的方向。怎样成就自己？成就怎样的自己？用多长的时间去改变提升自己？都是值得思考的问题，也都是我们应该给自己定下的目标。

从上述案例来看，李同学虽然在高中有过复读的经历，心中也有一些自卑感，但是她并没有因此而放弃，相反她选择了用自己的方式在回报社会的同时去提升自己，然后给自己的大学进行了时间上的阶段划分，先去拓展锻炼自己，然后是提升自己的专业知识与专业技能。在锻炼自己的阶段中她将自己所负责的部门管理得很好，并没有因为自己坐上了这个位子就将自己的工作下分给其他同学而当一个甩手掌柜，并且她并没有因为自己已经有相关的工作经历就沾沾自喜，相反她依旧能够听取别人给出的建议与意见。在学习提升自己的阶段中就专心提升自己，并且极度的自律也让她的收获显得格外明显，在学习的同时她也不忘记定期运动以保证自己的身体健康。

那么，结合实际思考，站在旁观者的角度来说，学生的自我选择与自我规划是需要提醒大家自己来制订的。定期地更新大家的学习目标与学习计划更加有利于大家督促、提醒自己往自己所定下的方向去努力，不能让大家因为大学的时间更加的轻松就松懈下来，如果说自律需要一年，那么松懈下来变懒惰只需要一周。学习上的自律是一件说大不大、说小也不小的事情，如果在学习方面能管住自己，那么其他方面也就能够管理好自己。

加强学生与学生之间的沟通是很有必要的，大学四年，大部分同学都会经历的事情就是，当自己面对关于未来的渺茫时如何选择，如何积极地去面对，往往同龄人之间更好沟通，但是老师、师兄师姐作为过来人所说出的一些话语却能够更好地安抚到大家的内心，给大家一剂强有力的定心药剂。每个人都会有自己的短处，也会有不愿提及的地方，但是大家都是世界上独一无二的，每个人都会有自己的骄傲，如果说要维持住自己的骄傲，那么最好的方式就是去提升自己，不断地提升自己，才能够遇见并成就一个更好的自己。

虽然在大学的学习中，没有一堂课会教会大家如何步入社会，但是自己选择如何步入社会，何时去提前适应社会，用怎样的方式去了解、接触自己以后生存、生活的环境，则是一堂很重要的课程，授课人就是自己与身边的朋友，这一堂课能不能结业、会不会挂科，没有人会来考察，能够一直看着自己做出选择随后付出努力然后得到回报与收获的也只有自己。

案例十一：心之所信，方能行远

游同学是来自大山深处的彝族小伙，入校后就向党组织递交了入党申请书，积极参加学校组织的各项活动，积极进取，通过竞选担任了班上的学习委员，并加入了编程协会，成为其中的一名干事。刚进大学时，当周围的同学、朋友都在商量着这个周末去哪哪玩时，或一起聚餐、一起吃饭逛街时，只有他很明确自己的目标，常常被认为"不合群"。由于学习方式和方法都与以前不同，一开始他有些不适应，可是很快在教师和同学的帮助下，他积极调整自己的心态和学习方法，努力上进。课前，他对将要学习的知识认真预习，对他一时弄不清楚的地方用笔标出；课堂上，他虚心聆听教师的谆谆教诲，仔细记录老师所讲的内容；课下，他用心回顾课上所讲，认认真真做好老师布置的作业，把知识点反复记牢。此外在课下，他还耐心地帮那些在学习上有困难的同学，努力提高他们对学习的认识与兴趣。他明确自己的初心，持之以恒，从不半途而废。大二，在学习上勤奋刻苦让他的专业技能一直名列前茅，他凭着自己的努力拿了"优秀学生干部""党校优秀学员"的荣誉，顺利担任编程协会会长，以及在 Ps 设计大赛、蓝桥杯竞赛、ACM 竞赛中荣获多种奖项，这些证书都成了他成绩的见证。作为班里的学生干部，在班上，游同学带着大家紧跟学校和老师的号召，将安排落到实处。在空余时间，他协助老师举办各类活动，同时也协助学生会组织各项活动，通过各类活动来提高自己的经验和能力。作为编程协会会长，他时常举办各种学生活动，如方程式、假期"支教"活动、体育场志愿者等。同时他也鼓励大家参与，提高大学生活的多样性。此外，他为了帮助因兼职被骗千元而陷入困境的王同学，不断鼓励安慰他，并用自己的生活费帮助他，陪他度过那段煎熬的日子。

大三，当大家还回忆大一、大二快乐时光的时候，已经成为预备党员的他，下定决心准备考研，并且制订了一套自己的学习方法与方案，规划好自己的时间，每周都对自己提一个要求，并且思考这个月应该在哪方面有进步、下个月又应该在哪一方面有明显的成绩。他不仅仅光是想而已，还会将对自己的要求付诸实际行动，总是带着一种学习目的进教室、学生会办公室及实验室。因为他总说："每天进步一小步，就是向梦想迈进一大步。"他喜欢把自己的专业技能和理论相结合起来，动手操作，这样会使动手能力不断变强。在校的这四年中他两年多的时间都是在学校实验室、图书馆里度过的。当他刚到学校的时候就想参加市里举办的技能大赛，目的是提高自己的专业知识水平，其间勤奋刻苦，几乎每天编程序、调试程序弄到凌晨。皇天不负有心人，他最终在省级的蓝桥杯竞赛中获得一等奖。他知道圈养的雏鸡无法领略蓝天的广阔，只有志向高远的雄鹰才能展翅天空。

案例分析：

似乎有那么一个定律，刚入大学时大家总是迷茫的。被管制、被束缚了许久的我们终于来到了一个自由的空间，我们兴奋、激动，认为有很多很多的事要做。但是兴奋之余，被老师督促、被家长看管成了习惯的我们开始迷茫了，那种感觉是农奴翻身后却没有找到自己的土地的茫然。特别是当发现自己身旁已经有同学开始自己有意义的生活后，这种感觉会越来越强烈。别人已经出发，而自己却仍然站在十字路口，或者已经误入歧途。这个时候千万别灰心、别难过，青春最大的好处是我们还年轻，我们有大把的时间去奋斗，所有的一切都才刚开始。十字路口的你可以认真选条路好好走，误入歧途的你可以从头再来。当然正在路上的你是最好不过了。唯有自律的人，才会得到岁月的厚爱。让自己变好不是一种想法，而是一场全力以赴的行动。游同学在学习方法方面不断地摸索，在持续的学习中找到了适合自己的方法，但是最重要的一点就是坚持，明确自己的初心，持之以恒，勿要半途而废，"行百里者半九十"，坚持到最后才能看到胜利的曙光，黎明前的日子总是黑暗的。游同学大概就是那种爸爸妈妈眼中"别人家的孩子"吧。他一进校就明确了自己的目标，并不断为之努力。此外，他还乐于助人，不断帮助身边的同学。这样的孩子谁不喜欢呢？

作为 21 世纪的大学生要志存高远，高瞻远瞩，要有梦想，并不断为实现这种梦想而努力。只有在这种为了实现远大梦想的不懈奋斗中，聪明才智才能更加充分地发挥出来，生命价值才能更加完美地展现出来。在思想上，要有较高的觉悟。认清自身各方面的优缺点，树立长远的目标，克服路途中的各种困难。热爱生活、帮助同学，有较强的团体荣誉感和是非观念，平时处处以高标准严格要求自己，并有强烈的向党组织靠拢的意愿。总之，我们要树立正确的人生观，为我们的将来做好充分的准备。如果我们不能为社会、为国家做出贡献，那我们也不能做对社会、对国家有害的事情。树立和坚持正确的人生观是一个长期而艰苦的过程，必须要有坚韧不拔的毅力，甚至要牺牲一些个人的利益，只有这样，才能成为一个志存高远的人。

案例十二：从懈怠中提起心气

宋同学，北方孩子，在西南某地方本科高校就读，长相甜美，形象气质较佳，普通话标准，大一进校之后就兴致高昂地加入了大学生艺术团的主持队。高中阶段丰富的主持经历，让她在担任干事期间就表现出稳定的台风和过人的主持能力，她做事积极，善于与同学打交道，在老师和同学中口碑较好。大二，宋同学顺利担任主持队队长一职，全面负责主持队的日常训练、管理、考核等工作，在这个阶段里，部分干事也向负责老师反馈宋同学生作为队长性格较为强势，管理上有时候过于严苛。大三，竞选主席团成员时，宋同学选择竞选艺术团团长一职，并且表示不服从其他任意部门或是职位的调剂安排，后来宋同学顺利通过竞选，正式担任艺术团团长一职。最初，各设立部门制订工作计划时，宋同学围绕艺术团的训练安排、比赛谋划、队伍管理等方面给出了较为详细的建设思路，也表示出了相当的信心与毅力。担任艺术团团长一职的上半学期，宋同学带队完成迎新晚会，效果呈现较好，但活动过程中也有同学透露，宋同学组织排练时不太注重部门间的沟通，有时候提前安排的排练，会因为个人原因而临时取消。负责艺术团工作的老师也发现该生经常会有擅作主张的行为，老师对于节目的一些建议，她觉得不合适，不会和老师进行沟通商量，直接选择坚持自己的想法等。担任艺术团团长一职的下半学期，宋同学则明显出现了另外的情况，如无故缺席艺术团例会、主席团例会、活动讨论会等，无故拖交考核文档，长期忙于个人事务而请假等。

案例分析：

初入大学，总是会有很多学生因为各种原因选择加入各类学生组织，有人可能是因为兴趣爱好，选择加入了如摄影爱好者协会、编程爱好者协会等社团组织等；有人可能因为迎新招干宣传选择加入了学生会、艺术团等学生干部组织等；甚至有学生在大一还会选择身兼数职，同时担任着多个组织里的干事，只为了在第二年的部门留干中多一个选择，或是多一个机会。当然，大家进入学生组织的目的也各有不同，比如对组织或社团里的活动内容抱有极大的热情与兴趣；或是积极渴望与人交好，提升自己的人际交往能力；或是受学长学姐的个人魅力影响，希望自己也能变得成功；又或是期盼通过学生组织里的经历锻炼自己的组织统筹能力；也可能是极度希望通过组织或社团能展示出自己的个人才能，等等。目标不尽相同，但是往往也存在一些让人深思的共性。

从上述案例来看，宋同学在担任团长一职以后，在第一项大型工作的组织、安排中是比较积极的，尤其是刚刚竞选职位成功后，是非常开心和自信的，对于工作的态度也是风风火火的，思考到了要怎样规划下属部门，要怎样带领团队等；但是，当发现岗位职责重，任务开始集中，尤其是后续涉及所带部门的日常管理、考核等较为烦琐的事宜时，则表现出了明显的懈怠情绪，甚至直接以逃避的消极方式来进行处理，缺少与负责老师们的沟通。

那么，结合实际思考，站在管理者的角度来说，要注重与学生干部的谈心谈话。定期与学生干部进行交流谈心，谈心的内容不拘泥于日常工作内容。尤其是当接收到了关于学生干部的一些反馈信息时，可根据实际情况，开展一对一的情况了解和摸排，走进学生心里，让学生知道，虽然老师需要他们协助很多工作任务，但是对于他们个人的生活、学习、成长也是非常关注和关心的。

此外，也要加强对学生干部的日常教育。学生出现较为严重的懈怠情绪，一般不是一天或者两天形成的，往往还有可能是多起事件一起堆积激发导致的。那么对学生干部的日常教育培养就尤为重要，重点要以鲜活案例加强学生干部的组织协调能力培训、工作业务能力培训、心理健康培训等，只有这样，学生干部才会切实得到锻炼，实现个人成长。

案例十三：从青涩胆怯迈向勇敢自信

李同学，四川人，就读于本地某高校，内向温柔，平时不善言辞。上大学前，心里一直有规划进校后要锻炼自己、培养自己能力的想法，但是自身非常青涩胆怯，也一直都觉得自己能力不足，处理不好事情，故而在大一刚入学的时候并没有竞选班委。大一期间，与同学相处融洽，同学都喜欢和她相处。她对学习和参与学校活动有着极高的积极性，她不仅参加了校艺术团的舞蹈队，还积极参与班上的活动以及志愿服务活动，在学习上她同样取得了优异成绩，名列前茅。同时，在某学科选课代表和组长时，她自愿担任组长，为组内同学服务，想通过当组长锻炼自己的能力，以便以后为更多的同学服务，因而受到了老师和同学们的一致喜爱。

时间晃眼已过，大二返校，李同学在室友的鼓励下，在班委换届时，自荐要担任班级心理委员，想借此锻炼自己的语言表达，改变自己内向的性格。投票结束后，她未能如愿做成心理委员，反而迎来了重任——担任班长，辅导员老师积极征求李同学的意见，并问其是否愿意服从调剂，勇敢尝试一下班长一职。李同学从她的本意来讲，是不太愿意做这件事情的，因为她总觉得自己能力不足，怕做得不好，辜负了老师的期待和同学们的信任；但是身边的同学告诉她，你既然想要提升自己的能力，现在这个机会就是最能快速提升自己能力的途径。于是她便答应辅导员担任了班长。

随后突如其来的一系列事情让她猝不及防，甚至一度使她产生了放弃的想法。首先是刚刚担任班长，便要开始负责班级贫困认定工作，这让她无所适从；选评审小组，收集同学们的家庭经济困难认定表，指导同学们填写相关网上申请，让她精疲力竭。她本以为这些事情很简单，但事实并非如此，于是她首先对流程进行了了解，对自己要做什么进行了规划，并反复对怎么做这些事进行了询问，可是还是出现了不少问题，她的压抑情绪开始凸显，选评审小组成员和组长时，也是几经周折才确定好名单。填写家庭经济困难表时，她在群里整理要点和注意事项，收集表时，同学迟交、乱写、改了还是有问题，等等，截止到担任班长一职不到1个月，李同学觉得作为班长简直让自己精疲力竭。

本班另外还有一位男生班长，男生班长也是在班委换届上第一次担任学生干部，缺乏工作经验，尤其是平时本身性格比较马虎，对待工作经常会出现不会做就不做的情况，不知道怎么做的时候也不积极交流等，如此一来这位班长的消极怠工，让李同学心里更加难受，一是增加了相互之间工作的难度，二是当所有工作压在自己身上时，自己很迷茫，不知道如何来应对，班级班委整体之间完全缺乏沟通与交流，于是李同学产生了想放弃的想法。

事情的爆发点出现在优秀班集体的评选期间，男生班长觉得自己不会，就完全不管不顾，自己也不想负责，李同学秉着负责任务的态度，按照班委职责分配任务给了班委和室长；让班上的同学积极配合工作，她努力地完成自己分给自己的任务，然后督促和等待其他班委的资料汇总给她，结果大部分班委负责的资料都有问题，也有可能是工作方式出现了问题，班上同学之间的整体配合较差，导致申报材料不完整，出现漏报、少报的情况。随后在准备答辩的期间，则因为是第一次准备，她只做了一些简单的介绍性工作，一是她不知道该怎么做，二是答辩人和她没有任何交流。最后临到马上答辩的时候，答辩人看到答辩PPT直接说放弃了答辩，让她找其他人，她无奈地将即将放弃申优的消息告诉班里同学，最终班上有一个同学自荐答辩，评选优秀班集体才圆满落幕，而这一切都让李同学觉得出现的一系列状况都是因为自己能力不够，一度产生了自我怀疑，她觉得经历了这些事情，对以后的工作会产生迷茫和不知所措，她如今对班上的事情都比较消极，同时学业繁忙，也让她没有时间投入到班级管理工作中，甚至觉得自己实在做不了班长的时候，就会直接请求辞任。

案例分析：

从上述案例来看，李同学表面存在的比较"突出"的问题其实就在于不善于与人沟通。对于班级的工作任务，她不善于与班委之间进行沟通，遇到自己解决不了的问题，更是没有主动与辅导员沟通。如接到优秀班集体申报工作任务时，她没有很好地与班委们沟通，班委们不知道自己要干什么，她也没有告诉班委们不做或做不好的后果是什么，导致班委、同学们之间的积极性很差。作为班长，一般来说正是密切联系同学与辅导员老师之间的桥梁，但李同学既不太愿意与同学们交流，又不主动与辅导员沟通，从而导致班委松散懈怠，工作积极性差，班级缺乏凝聚力。

再则，从另一方面来看，李同学最大的问题其实还在于个人缺乏自信，性格胆怯与不够自信是李同学担任班长以后比较突出的问题。如何树立自己在同学中的威信、如何理清班级管理的思路是李同学作为班长应该尽快思考的方面，具体来说有以下五点。

从外界客观情况来说，李同学的辅导员缺乏与本班班级、同学之间的积极交流和沟通，给予班级班委个人的关心还不够。因此，除了推进班级的日常建设管理之外，辅导员必须要加强与班级学生干部的谈心交流，了解学生干部在工作中的困难和问题，并协助同学们一起解决。而且还要定期召开和参与班级班委会议，总结经验，交流心得。

学生干部是班级同学和辅导员老师之间最重要的沟通桥梁，那么不管遇到任何问题，学生干部一定要注重与同学老师之间的沟通交流。对于同学，更是要思考如何凝聚班上所有人，没有人想待在松懈不上进的环境里，学生干部有义务引导大家共同努力建设更好的班级。

作为学生干部要自己相信自己，要有威慑力，勇敢自信。想让其他人对你产生信赖，就要自信，给他们解决问题，提高自己的人格魅力，让别人信服你。但是注意一定不要做特别严厉的人，或者是把威信错误地理解为"官威"，这会让他们难以亲近你，从而不配合相关工作。

作为学生干部，在牵头负责班级某项集体性工作时，一定要明确地告诉他们，要做什么，怎么做，并适当地给予他们帮助。他们不能完成，看原因，找问题；记录解决这些问题，要赏罚分明，没有规矩不成方圆。

作为学生干部，注意和同学们多沟通，询问他们的意见。只有大家都朝着一个方向前进才能释放最大的力量；了解他们的需求，才能解决存在的问题。

案例十四：正确引导干事找到部门归属感的重要性

何同学，来自四川川北，为人乐观开朗，做事认真负责。2018年9月，何同学在刚进入大学时，还没有加入学生会、进入部门之类的念头，之后受到学校各部门举办的招新活动吸引，又因为之前在高中也是宿管委员的缘故，所以莫名对宿管部有一种归属感，而后自然而然地加入到了宿管部。在刚开始几周的时间里，许多同学或许因为新鲜感，或许因为想挑战一下自己，大家都还能坚持在部门做好自己的本职工作。一两个月过去了，新鲜感淡去，许多干事都找了各种理由选择退出部门，这些理由不乏课程太多，忙不过来，或是感觉每天都做一样的工作，很无聊没有意义，等等。当然这种现象在很多常规部门也普遍存在，毕竟人的精力有限，老师也表示理解，每个人都有权利选择自己想要的生活方式。何同学内心比较喜欢这项需要每天晚上集合检查的工作，所以何同学选择坚持了下来，在大一当干事期间积极上进，主动帮师兄师姐分担部门事务；在大二换届时，也顺利地留任了下一届的部长。在何同学担任部长期间，也一直有干事寻找各种理由退出部门，每走一人，何同学心中就有一种空落落的感觉，退部门的干事依旧很多，这种情况不是只出现在宿管部，其他各个部门多多少少也有这种情况，不清楚大家具体真实的原因到底是什么。尤其是担任干事的第二学期，退部门的同学明显增加了很多，何同学在自己还是干事的时候，只是看到身边有同学退出了，但是仿佛只要自己坚持下来了就好，但现在作为部长，则也如当初的师兄师姐一样面临同种境遇。这种时候就要考验何同学如何处理以及解决本部门的这一现象了。在第一次部门集合的时候，就感受到大家似乎没什么热情，不怎么活跃，对部门这个除了班级以外的另一个集体似乎并没有什么归属感。退部门的干事，他们大多数人推脱的理由是课多、学习任务繁重，但何同学也是从干事一步步走过来的，须清楚这只是一种推辞。

案例分析：

初入大学，基于多种理由，确实有很多同学会积极选择加入学生会组织，而关于部门干事申请退部门的这种情况也是时有发生。大一时，也有部分同学可能会提到干事退部门的问题，或许有些人一定会认为这是他们不够努力、不够坚持的原因，但其实进一步来说，更多的是因为他们终究没找到在该部门存在的价值，有些人是主动寻找，有些人是被动，他们需要一个机会。的确，一学期下来，很多人只是做了自己的本职工作（当然能够做好也相当不错）。没有足够的机会能够表现自己，在部门里，每天检查卫生就检查卫生，该集合就集合，说实话，这样一学期下来，每天不断循环重复地做一样的事情，时间长了，任谁都会厌烦的。对于这一情况，就很考验负责的学生干部怎样让大家在日常工作的集合中都有归属感，让每个人都得到或多或少的锻炼。至少有点收获，不然，像前面宿管部门那样每个晚上的集合将变得没有意义。

学生干部，尤其是作为一些活动的负责人，想要做到面面俱到真的很难，即使心中有很多想法，许多也很难实现。有些学生干部在担任负责人时，习惯或是喜欢一直主动带着大家走，一直都是输出，而忽视了给部门里的每位干事一个展示的机会；使或者总是惯性地认为只有那种活跃、优秀的干事才会经常被带出来崭露锋芒，从而也导致很多其他干事变成了"小透明"，因此很多锻炼的机会悄悄溜走，久而久之，学生觉得在部门里没有得到锻炼，自身的价值更是没有得到实现，反而变成了一些无意义的社交活动而已，随后便萌生了退部门的想法。

所以，基于以上的实际情况，正确引导干事在部门内形成归属感是极其重要的。在每一次活动中，都是一个让干事之间进行互动的好机会，以增进彼此联系，在大家平时的工作时间、晚上集合的时间进行更多的交流，因为大家私下并没有很多交流，平时上课也都是跟自己班上的同学一块儿，所以这是一个很好的机会。在活动中，何同学努力营造轻松的氛围，让大家放松下来，不会提出过分的要求和惩罚，她认为，只有让大家的心中感受到你是在为他们着想，他们才会发自内心地参与到你的活动中来，大多数人不喜欢击鼓传花之类的活动，因为这个活动，大家在玩的同时还要实时关注花到底传到哪里来了？会不会是自己？是自己，要上去表演什么？干事们更加愿意选择大家一起来参与的活动，如果是惩罚游戏，就分组进行游戏，一组人员来进行惩罚，在这过程中，大家还可以加强彼此联系，而不是选择个人。在一次次的活动中，无形之中就会拉近彼此的距离，对部门形成归属感，增加部门的凝聚力。

案例十五：不着急，慢慢来

李同学，就读于本地某本科高校，性格外向，开朗乐观，喜欢和人相处。高中毕业后，就想在大学里改变一下自己，虽然她性格比较开朗，但是很少有胆量去挑战新的事物。有可能也是高中复读了一年的原因，内心一直有一种不敢去做不熟悉的事，怕失败，怕会辜负身边人的希望，也怕辜负自己，所以在暑假的时候，她就想改变这种现状，解决心里那个瞻前顾后的情况，迈向充满未知的大学。

因此，大一刚开学时学生会开始招新，室友们都很积极地填写报名表，可能是从众心理，李同学也报名了，后面听说还要面试，她第一次想打退堂鼓，她害怕面试，因为从来没有面对过，但是到了面试的那一天，原本李同学自己已经放弃了，想着就是陪着室友去的，但后面看到很多人都在排队等着面试，于是心里一想，既然都来了，就试试嘛。第一天是校上的部门进行面试，她便去面试了一个部门，晚上的时候，和李同学一起去面试的两个室友都收到了通过面试的短信，只有她没有收到，她当时觉得有点尴尬，就想放弃第二天院里部门的面试。第二天，室友鼓励她去试试院里的部门，并且暑假由于个人原因和一个院里部门的部长有一些接触，获得了学长们的帮助，所以还是选择去面试了院里的两个部门，在晚上，李同学收到了这两个部门的面试通过的短信，她特别开心，觉得自己好像也不是想象中的那么差。由于一些原因，大一上学期，作为干事做的事情比较少，部长们安排大家轮流工作，所以很少有机会去锻炼自己，学到的东西比较少，只是认识了一些师兄师姐和其他专业的同学。

大一下学期，由于疫情影响，所有学生都在家里上了一个学期的网课，大概在4月份的时候，部门开始招聘下一届的学生干部，这次，李同学便积极报名了，原因是想像当初帮助她的师姐一样去帮助别人，尽管当初师姐帮助她只是她工作的需要，但是李同学也希望有更多的不自信的同学可以迈出这一步，勇敢尝试。尤其是在进入大学后接受到的第一次帮助，会让人印象很深刻。

李同学参加了笔试并成功通过，她认真准备了面试PPT和稿子，隔着电脑接受师兄师姐们的问题，并通过了面试，成功留干。五四青年节的时候，迎来了留干后的第一次工作：和另外两个部长组织这一次的团日活动。面对第一次的活动，李同学和另外两个部长有点无从下手，在师姐们的指导下，手忙脚乱地开展了活动，活动后，李同学负责写总结书，第一次上交的总结并不完美，被指出了很多问题，包括格式、字体、排版，等等，甚至还有错别字，李同学立即花了一天的时间改好了这个文件。第一个文件出现了这么多的错误，她也受到了打击，觉得自己什么都不会，却自信满满地申请留干，又一次开始了自我否认。在那之后，随着对部门里的工作慢慢熟悉，李同学好像又重新找回了自信。

9月底的时候，第一次团组织生活开始了，因为大一期间校区分隔两地，再加上疫情原因等，所以，面对正式的第一份工作，李同学显得非常慌乱，做的所有工作都没有条理，同时几乎天天被学姐学长们指出存在的问题，尽管李同学心里知道学姐学长们只是针对工作，但是李同学心里还是觉得非常难过，甚至出现了失眠的情况，有时候还会不自觉地哭泣。每天满脑子都是工作的事，甚至偶尔在上课期间都在处理工作的事。那时她更是体会到当学生干部并没有想象中那么轻松、简单，很多事情都需要主动去安排、去协调，要和其他学生干部相互配合好，避免工作遗漏、重复等，原本以为团组织生活很简单，安排人检查就行了，然而零零碎碎的各种大小事接踵而来。

在第一次团组织生活开展后，想到工作中自己种种做得不足的地方，李同学其实有想要辞职的冲动，但是，经过一番思想斗争后，她又坚持了下来，在下一次的团课组织中，李同学很快便找到了总体大概流程，和另外两个同学做好分工,一步一步去准备,顺利开展了新生第一次团课,并且没有什么大问题出现,那个时候她便有了很强的成就感,觉得自己做成了一件事,并且做得还不错。后来发生了李同学与上一任部长因为沟通不畅的事件,产生了一些不愉快的经历,好在后来分管主席的师姐们和两位辅导员了解了情况,并出面解决了这件事。

在那以后的工作,李同学便渐渐如鱼得水,能在规定的时间内把工作提前做好,不会像当初那样匆匆忙忙而又不知从何下手,能够做到学习工作两不误。后来招了干事,有些事就可以让干事去做,减轻了她一定工作量,也能锻炼干事,李同学也学会了从工作中找到成就感、愉悦感和满足感。在前两次想辞职的时候,虽然口口声声说辞职,但其实她内心深处是不会去辞职的,因为放不下所在部门,放不下另外两位共事的小伙伴,感觉如果一走了之,他们不仅工作量会增大,而且不容易做好,自己也没有任何担当感和责任感。

案例分析:

学生干部的成长从来不是策划一次活动或者完成一项工作就能实现的,而是需要时间上的磨砺,更需要经历上的锤炼,作为学生干部,一开始最基本的肯定是要逐步学会用办公软件,熟练操作 Word、PPT、Excel 等,学会如何去安排、开展一个活动,学会如何和别人合作,学会如何和别人更好地相处,学会如何去带领别人,等等。其次,在这些工作中,还要学会总结工作经验,学会不断思考,从而以思考促学习,不断取得进步。最后,作为学生干部,心态要平和,不能着急,不能过于激进,要多多站在他人角度思考问题。所有的成长的经验都是在践行的过程中积累的,同时,在慢慢成长的过程中,还要适当下放压力,对于能力强的干事可以给更多的基础工作,培养公众责任感,激发工作潜能,不仅要积极地为干事提供方向,还要听取他们的建议。

案例十六:别让压力使你压抑

王同学,男,某高校大二学生,进校之初便一直担任院团总支干部,对学生工作认真负责,深受老师和学生的喜欢。11月份的时候,王同学找到团总支书记赵老师,并告诉赵老师说自己不想再担任团总支干部,赵老师立马放下手上的工作并询问具体原因,王同学告诉赵老师,由于目前学生会进行了重新分工,要整理以前的资料,规划、细分接下来的工作,面临的工作更多且更烦琐。虽然新招入了一批干事，但王同学不放心把工作直接交给新加入部门的干事们，所以只有自己硬扛下学校、老师下发的任务，让自己越来越忙。王同学感到苦不堪言不知如何是好，而这时部门新加入的一些干事又出现了积极性不高的问题，没有最开始的热情，也开始跟王同学抱怨，王同学是一个脾气好、"好欺负"、容易讲话的人。正因为如此随和的形象才让部分干事向王同学抱怨部门的事情太多、自己太忙，找各种理由开脱王同学安排的工作。

王同学告诉赵老师他现在压力非常大，因为每天忙于部门工作，和班级同学的交流变少了，也不能全身心投入学习，导致学习成绩越来越下滑，感觉自己每天都笼罩在压抑之中。

赵老师告诉王同学首先要找找原因是自己的工作方式不恰当还是日常的沟通交流导致这些问题。赵老师帮他分析了原因并给他提出了一些建议。

1. 要让他敢于把工作丢出去，让新加入的干事们多做做、多学学就会了，如果只是一个劲儿地担心他们做不好，那么他们永远也没有进步的空间，你也只会感觉到压力越来越大，因为所有事都是你一个人在完成。想想当初你才进校的时候，你也什么都不会都是师兄师姐带着你做，你才会有这么大的进步，今天也才能独当一面。

2. 对于新干事积极性不高的问题，赵老师告诉王同学，要平常多利用学生例会的时间多给他们讲一讲现在他们做的工作虽然微不足道，但是这是在潜移默化地锻炼他们的个人能力，等过一两年之后，让他们和没当过学生干部的人比较一下就会发现自己的优势所在。你要懂得放开手，让他们自己去成长。

3. 不能因为工作而忽视了学习，作为一个学生，你的本职工作依然是学习。

4. 与班级同学及室友处好关系将是你人生的一笔宝贵财富，不能因为工作而忽视了与他们的沟通交流。

案例分析：

一、学生干部感到工作压力大的原因

（1）不能正常处理工作与学习的关系。繁重的本职工作需要消耗大量的时间，而很多的学生干部在处理工作和学习的关系时缺乏经验，特别是当工作和学习发生明显冲突时往往显得手足无措。

（2）人际关系紧张。生活中缺乏与同班级、同寝室同学之间的交流，工作上难免与同学之间发生冲突，给学生干部的工作和生活带来了不可避免的麻烦，让他们很难保持愉快的心情。

（3）角色定位模糊。对工作权责界限把握不清，不熟悉不理解工作职位要求或工作内容，让学生干部的工作毫无秩序，所以压力陡增。

（4）组织气氛单调。组织结构的僵化，成员士气的低迷，工作氛围的不和谐，都会对学生干部的工作积极性产生很大的影响。

（5）担心发展受影响。个人发展的机会渺茫，途径单一，缺乏个人发展的机会，让学生干部看不清自己发展的前景，对前途的渺茫和困惑使学生干部产生心理上的压力。

二、应对方式

（1）学校教育。要想有针对性地缓解学生干部的内心压力，就必须对其进行马克思主义基本原理和人生观教育，帮助他们树立科学的、正确的世界观和人生观，提高他们的思想素质，增强他们的心理承受能力，让他们认识到马克思主义的立场、观点和方法，教会他们用科学的发展观进行分析、认识问题，避免认识上的误差和感情上的盲目，从心理上对自己进行调节。进行客观的自我评价，积极看待周边环境和生活中的苦难，从而减少来自生活中琐事的困扰。

（2）积极开展心理健康教育与咨询工作。心理咨询教育是帮助学生克服心理障碍的一种有效形式，它同时也具有预防的功能。针对咨询对象在工作学习中的疾病和保健等方面的心理危机与心理负荷，通过各种媒介，及时给予他们帮助和认识教育，以此来缓解心理上的压力。心理咨询教育最重要的还是对未发生的事起预防作用，所以及早预防至关重要。

（3）组织丰富的课余活动，促进学生干部的身心健康。健康的课余生活可以愉悦身心、获得朋友、增进友谊，减少因压力导致的紧张感。所以，学校需增加课余活动时间，比如各种学生活动、学术讲座、教育实习等。这样，既锻炼了学生干部的综合能力，又能让其健康发展。

案例十七：倾听寝室矛盾焦点，共建美好温馨"家园"

徐同学，女，19岁，2020级数字媒体技术专业学生。某日下午，徐同学找到辅导员许老师提出想要换寝室，了解情况后发现因其性格、生活方式等方面的原因与宿舍同学相处不理想，宿舍人际关系亮起了"红灯"。

通过与徐同学交流后得知，徐同学性格较为孤僻，但生活很有规律。为能在大学有所改变，提升自己的人际交往能力，改变自己孤僻的性格，主动申请担任寝室室长一职。作为室长，徐同学刚开始和寝室室友相处得还很愉快，但在班级中仍很少与同学来往，基本上没有好友。

徐同学所在的寝室共有四名同学，除徐同学外，其余几名同学关系较为融洽，兴趣爱好也较相同，平常也一起上课吃饭。徐同学平时作息较为规律，按时起床，不睡懒觉，按时休息，有中午午睡的习惯，同时晚上熄灯后就直接入眠，她身为室长，要求同学在她睡觉时不准发出较大声音，比如音乐、电影等是不能播放的，私下的聊天在熄灯后更是要禁止。刚开始室友都很配合，很理解。久而久之，室友们都按捺不住了，大家心里多少有点怨言，果然最后室友都不乐意了，她们认为每个人的作息时间都不一致，她们一直很迁就徐同学，特别是中午睡觉，她们认为徐同学的要求变相地限制了其他人的自由，她们的日常生活完全被打乱，宿舍矛盾逐步激化。

室友李同学与徐同学上下铺，脾气较为急躁，对徐同学的行为极度反感。某天中午，徐同学提出要求移动一下床位以方便拿东西，李同学本就对徐同学有很大意见，便充耳不闻，跟没听见似的，多次喊话无回应后，开始生气激动，同时自言自语，不时发出辱骂之声。李同学对此类话语很是恼火，加之早就对徐同学有看法，转过身对徐同学大肆指责，随机两人便发生言语冲突。最后寝室其他同学找到辅导员希望能进行调解。

案例分析：

得知此事，我立即找徐同学到办公室谈话，从与她的对话中发现，我初步认为她们的寝室矛盾很大程度上来自她的自负和性格上的孤傲，加上室友也是火暴脾气，相互不和，一件小事就能起大冲突，引发大矛盾。通过对周边同学的访问，对此有了更深的了解。在本实例中双方看似都是受害者，徐同学孤僻自律的性格和其他室友格格不入，而室友的不成熟也是导致矛盾的潜在因素，没有有效地解决问题，长此以往最终激发了矛盾。

（1）更换寝室。我最初想给徐某换一间宿舍，考虑通过换个新的环境来化解矛盾，但经过认真的思考，我认为这确实是个办法，但弊端也比较明显。一是如果换了宿舍，徐某和现在宿舍的同学就失去了谅解的机会，可能她们就此结下心结再也不会去化解，二是如果换一间宿舍，依然存在再次发生此类问题的可能，那会影响更多人。

（2）做好学生的思想工作，从本质上解决问题。作为学生的思想导师，我需要做好正确的引导，从根本上解决问题，让双方都意识到自身的问题。为此，在接下来的深入交谈中，我直言不讳："每个大学生都希望能够拥有一个相对独立的空间，但只考虑自己的话，就会有别的室友脱节；寝室不像家里，需要每个人维护和经营，如果有人不自觉，不顾大局，整个宿舍的同学都要遭殃。反之，利用好在宿舍集体生活的机会，学会控制好自己的情绪，改正自身的一些缺点，学会与人相处，这将会永远受益。"

（3）与学生将心比心，进行深入交流沟通。我又和宿舍其他成员一一谈话，然后又进行了集体谈话，过了一天，宿舍集体找到我，告诉我她们以后会相互理解，好好相处。

（4）持续关注学生关系发展。到此她们的矛盾基本解除，而后我又进行了约两个星期的持续关注，结果发现她们确实摒弃前嫌，相处融洽，我很欣慰。

在处理大学生宿舍矛盾时，需搭建好平台，使同学们得到有效的沟通，自行化解矛盾，在之中给予适当引导和启发，使他们以积极的心态来面对自己周围的人和事。最终我相信他们会成长、领悟，正确处理好宿舍关系。

每个人都有自身的缺点与优点，当遇到室友自身缺点突出时，更需做到包容，同时积极沟通，共同进步，改正不良习惯。辅导员遇到此类问题需要慎重思考，给出解决办法，如果仓促调整宿舍人员，不仅解决不了问题，反而会伤害到学生的自尊，给今后的学生管理工作带来诸多麻烦。所以，在解决问题时，需要从以下几个方面入手。

（1）平时工作中要对学生进行关于大学生活适应、大学人际关系、大学为人处世等方面的教育和引导，促使学生了解大学生活，以更好地适应大学生活。

（2）日常工作中在注意强化学生集体意识的同时，适度开展一些以宿舍为单位的集体活动，以加强宿舍成员之间的了解和沟通，增强凝聚力。

（3）辅导员需多走进寝室，和同学们建立良好的师生关系，同时及早发现同学们之间的矛盾，并及时化解。

（4）利用多种渠道进行教育，尤其注意探索对于独生子女教育的方式、方法，特别是要更加注重学生的心理健康，及时地引导、帮助大学生拥有健全的人格和健康的心理。

案例十八：用爱心和耐心唤醒沉睡网络中的他

李同学，男，计算机专业大二学生，来自农村，学习成绩较好。刚升入大学便主动申请担任班级学习委员，由于基础较好，加上选择院系的压力较大，学习较为认真刻苦，大一时各门功课都是优秀或良好以上。7月10日下午，班长急匆匆找到辅导员王老师并告诉说李同学已经连续2门课程缺考且连续3个晚上没有回宿舍休息了，通过班长王老师了解到李同学经常到网吧玩网络游戏后，便带着其他学生干部去学校附近的网吧逐一寻找，由于学校周边网吧很多，王老师和学生干部用了近两个小时的时间在一家名为"一心网咖"的大型网吧中找到了正在玩游戏的李同学。看着精神恍惚、眼神呆滞的李同学，王老师的心情变得格外的沉重。

7月11日，王老师私下找到李同学并对他进行了谈心谈话，交流中得知从大二下学期开始，李同学发现身边的同学都在打游戏，自己成绩又名列前茅，觉得自己可以放松了，主观上的放松情绪导致了他对于课程的兴趣逐渐减退，认为可以不用去上课，看到不少同学经常光顾网吧，他也想放松一下，于是就开始上网打游戏。刚开始他买了电脑，由于不大喜欢运动，空闲时间就待在寝室上网打游戏，但因为寝室晚上到了一定时间就会断电，上网时间还可以控制。后来，自我控制力差的李同学经常偷偷旷课跑去网吧打游戏，有时候甚至通宵，每天有多长时间挂在网上他自己也说不清楚。结果到了学期末他有2门主要课程不及格，学习成绩和班级综合测评名次由前几名落到了中下游。

经过更深一步的谈话，李同学告诉王老师自己作为一名学生干部没有给班级同学起到榜样示范作用而感到非常愧疚，并提出不想再继续担任学习委员一职。王老师没有马上同意李同学的要求，而是愿意再给他一些时间先进行自我调节。同时王老师也了解到，李同学虽然担任学习委员，但是性格比较内向，除了必要的班级工作和同学有接触外，其他时间也很少和同学进行交往，偶尔交往的几个同学也属于性格比较内向的性格。其次，他来自一个偏远的农村家庭，家里共3个人上学，家庭经济状况不是很理想，平常和父母的沟通交流也比较少。再次，由于沉迷于网络游戏，目前他对自己的未来规划十分模糊。王老师告诉李同学本来他自身家庭经济状况不是很理想还每天沉迷于打游戏，这样不仅对不起自己的父母，也对不起自己付出努力考上的大学。并告诉李同学，他现在最重要的任务就是好好学习，把专业知识学实学精，以后出去找一个好工作才能回报他的父母。

李同学告诉王老师，他也认识到了自己的错误，同时也违背了自己刚进入大学的初心，并承诺会慢慢戒掉网络游戏，把欠下的课程全部补上来，给全班同学树立一个良好的榜样。

案例分析：

对于学生干部沉迷于网络这种情况，应该引起我们的重视。可以着重从以下几个方面入手。

（1）让学生干部积极协助。我们深知环境对一个人的学习生活会产生很大的影响，尤其是同宿舍的室友影响会更大。为此，王老师便让学生干部和与李同学同寝室的室友组成了一个"李同学帮扶小组"，帮扶小组成员内部进行了明确的分工，主要是对李同学的学习、生活和心理状况做好记录，并定期向辅导员汇报。培养学生干部积极主动关心身边同学，不仅会让班级同学感到温暖，同时也充分发挥了学生干部的能动性。

（2）心理疏导——提高自我管理意识，增强自我调节能力。认知行为疗法被认为是应对强迫性网络使用的较好模式，团体心理辅导是心理健康教育的主要形式。高校老师需增加自身心理学方面的知识，多组织多宣传相关方面的活动，采取多种不同的心理疗法开导学生，让沉迷网络中的大学生自己分析其中的危害，同时提高处理人际关系和自我调节学业压力的能力。

（3）环境诱导——发挥环境潜移默化的作用，参加更多的活动和参与更多的校园文化建设，有利于促进学生健康发展。课堂教学也不可忽视，为此，应通过多种教学方式展开各类高水平文化讲座，通过熏陶时的方法让学生深入内心，多举办才艺活动，给予大学生更多的展示平台，发挥他们的才能以至得到更好的发展，感受真实世界的丰富性。同时，多启发大学生培养更多的爱好，而不再沉迷网络。

（4）家庭引导——沟通温馨、和睦的家庭环境。家庭培养方式的不合理也可能会是大学生沉迷网络的重要因素之一，往往现实与理想失衡，易造成大学生迷失自我。辅导员应从家庭环境入手，引导学生与父母和平相处，良好交流，建立更融洽的亲子关系。与此同时，也要与学生父母沟通如下几个问题：①教育方法和观念是否得当，孩子是一个独立的意识主体，需更多地尊重他们，无论对错，也需鼓励孩子勇敢表达内心的真实想法；②要用科学的方法，合理地制定培养计划，同时结合实际与孩子沟通交流，以达到双方想法平衡的目的；③从网络入手，认识到网络积极的一面，利用网络的优点积极引导孩子。同时，让孩子分清现实与虚拟，让其有一个正确的人生价值观。

案例十九：学会管控情绪，形成一个团结的班委团体

王同学是一个新生班班长，喜欢和别人交朋友，在来到大学后没多久就认识了班上的很多同学。自信让他的精神面貌显得尤为突出，也给人一种值得信任的感觉。果不其然，在初次竞选班委时就凭借同学的熟悉和自信的发言当选了班级的班长。在考核的一个月里，因为大家都是刚刚升入大学，需要收集同学们的信息，信息收集过程中也出现了许多问题，所以需要他去一个个联系处理，一来二往，他逐渐和同学们非常熟悉，在班级里很快有了人气。因为工作需要他也和其他班级的同学有不少接触，他"自来熟"的特性让他很快结识了许多朋友。并且在老师安排下来一件事情过后，他会非常迅速地接下任务，然后去班上通知并着手去落实，每件事情也都完成得非常好，只不过偶尔会出现些小错误，但都无伤大雅。一个月的考核期很快就过去了，善于结交朋友的特点让他在班级里有了不少的人气，而认真工作的特点让老师对他也很是满意。理所当然地，考核期过后他成功正式担任了班长一职。接下来的两周里他一如既往地认真工作。这让老师更加满意和信任他，也就把班上事情放心交给他去做了。可是很快出现了问题，他在平时和另一位班委胡同学交流的时候因为胡同学不满意他的做法，他却坚持自己是正确的，并且在班级群里展开了一场争吵，并且在争吵中说道："我是班长，这个事我说了算，再说了，我并不认为我有错，你凭什么在这里叽叽歪歪的，自作多情……"一番争吵，基本看不见其他同学的劝解。最终还是在其他群管理员给了禁言才算消停下来。不过老师不在这个群里，并没有看见这一幕。两人线上的争吵算是结束了，但是线下的较量持续不断。他凭借攒来的班级人气和老师对他的信任处处打压胡同学。之后组织了团建活动，并且邀请的老师一切都按照计划有序进行着，可在最后的 10 人 11 足的活动时，活动从原来计划的 10 人一组，变成了 30 人一组，还更改了活动场地，这让活动进行得很拖沓且 30 人一组进行难度增大很多，最后这个环节以很差的质量结束。事后老师说道："最后那个活动进行得不好，安全和可行度都考虑不到位，下次注意改进。"胡同学听后表示是他们的工作失职，下次会注意。随后在操场上传来争吵声，"我们刚开始不是这样计划的，大家都商量得好好的，你怎么可以随便改呢？"胡同学很气愤："什么大家商量的，基本上就是你决定的。""调整了怎么了，我是班长你是啊？"王同学对于胡同学的气愤并不在意甚至有些不屑，言语中透露着对胡同学的不满。之后两人在工作上常出现矛盾，但大多数时候是王同学故意找麻烦，而胡同学也是在一忍再忍后与王同学起了争执。因为两人在工作上不能协调合作甚至只有针锋相对，导致班级建设在年级中与其他班级相差很多。

案例分析：

无论是谁都会有情绪，无论多么理智的人都会有情绪，只是不同的人对于情绪的管理不同。初入大学，也是刚刚成年，这不仅在年龄上是个新阶段，在人生成长道路上也是一个新阶段。大学是一个从一个纯粹的学生过渡到处身社会的阶段，除了学习知识以外，还需要学习人际交往、为人处世等，以便将来更好地适应社会。而情绪管理是一个非常重要的一课，在什么样的场合下，应该保持什么样的一个状态，什么场合适合让自我情绪表露出来，这些都是需要慢慢学习的，否则将会四处碰壁。而作为班委干部，这也尤为重要，学会管理自己的情绪，才能在管理班级的过程中出现更少的错误，这是其一。另外，作为一个班集体，团结尤为重要，俗话说"一根筷子容易折断，而一把筷子难以折断"，团结在任何一个团体中都是相当重要的一点。否则就是一盘散沙，风轻轻一吹便是一团乱。而班委作为一个班级的领导团体、一个班级的核心团体，团结更是重要，如果说一个团体的核心出现了问题，外部何以稳固？首先从内部就开始瓦解，剩下的也只是时间问题。因此班委团体就应该先做到团结。

从上述案例中可以看到王同学在刚开学的时候表现积极，善于与同学沟通交流，这是非常讨喜的一个优点，同时他也做事认真，赢得老师的赞许。但是当遇到问题的时候，想法过于个人，不能站在一个班级领导人物的角度去理智处理每件事，与同学因为一些事产生矛盾不能及时有效地解决矛盾，并且作为班长，利用自己获得的人气与信任去打压与自己有摩擦的另一位班委胡同学。将私人情绪带到了工作中，将自己对胡同学的不满在工作过程中发泄，并且导致了班委这个团体出现了裂痕，这对一个班级来说是非常致命的。

班委在工作过程中产生不同的意见是非常常见的，而因为这些意见的不统一产生的争吵也是非常常见的。但是常见不代表常有，作为班委，在处理事情的时候就应该比同学更加的冷静和理智，面对问题时也会考虑得更加广泛和长远。在出现分歧时，可以冷静下来思考别人的意见是否比自己的更好，相互交流，了解别人的想法，同时告知别人自己的想法。如果还是不能得出一个合适的结果，并因此产生争执的时候，应该及时地停止争论，冷静下来去选择其他解决方案。此外，事后不应该因为这些问题而以敌对的眼光去面对他人，无论是同学还是其他班委干部，如果是自己的问题，要敢于承认，如果是别人的问题，要学会用他人乐意接受的方式去告诉别人，并且学会宽容，面对这些分歧或者矛盾不可过于在意和纠结。不论在其他事处理过程中有什么样的矛盾，都不能带到另外的事情中去。作为班委干部应该就事论事，而不能在处理事情时牵扯进来其他的事，这是一个非常不好的做事态度，显得不够稳重，不够理智。这也会导致很多事情处理起来会产生很多的阻力。从这个案例中可以得出作为班委的一大准则，绝对不把情绪带到工作中。这样做事态度可以让很多事情进行得更加井井有条、更加顺利。

另外，班委之间的意见分歧不是成为两个人对立的原因。毕竟谁都不能说自己的解决方案是最优的，而班委之所以是一个团体而不是一个人的一大原因就是，团体可以讨论商量，每一个人都是一份智慧，集小智成大智才可以让方案无限接近完美。此外，每个人的处事风格习惯不同，很多时候可能一个团体里会经常产生不同意见，这都是非常常见的，这个时候就是相互适应的过程，一个团体产生之初，每个成员各异，工作就是一个磨合的过程，只有相互适应，才可以更加团结，学会接受别人的意见，商量是提出意见、采纳意见的过程，而不是无休止的争论。团体，之所以是一个"团"就是在于每个人都在其中，相互协作，团结一心，这才能发展好这个团体。班委团体更是一个班的"头"，带好头才可以让其他人也可以团结起来，团体之间相互感染，让这个团体中的每个人都更加融洽。自此也可以得出作为班委的另一大准则：学会团结。无论何时，班委首先不能不团结，只有团结了，在班级带领的过程中才能齐力而行，心往一处想，力往一处使，班级的建设才可以又快又好。

案例二十：毕业生遇到考试想放弃

QQ屏幕出现（16级4班，杨同学）：李老师，我想办理"结业"。

李老师马上回复：怎么啦？电话联系吧，说得清楚些。

背景：这个同学是15级延长修业年限降级到16级李老师班上的。原大一到大二期间杨同学一直担任班级班长和社团干事，工作认真负责，很喜欢与老师和同学打交道，把自己工作做得井井有条。组因一心扑在工作上而忽视了学习，导致到学期期末《C语言程序设计》和《数据库原理》这两门课程在2019年毕业的时候未获得相应学分而降级。杨同学降级到16级也积极主动申请担任班级班长，在工作中很受老师和学生的喜爱。现在又出现这样的问题，李老师比较紧张赶忙打电话进行交流。

杨同学：前段时间选课，这学期没有《数据库原理》这门课了，要换到明年才能上课修读，也就是还要再延长修业年限1年。

原因是这个孩子不喜欢这两门课程也没有复习，还有就是面临毕业觉得班级工作较多自己没有精力再去学习，所以不想考了，不想读了，就打算放弃读了 5 年的大学。

李老师：第一，作为一名学生干部你更要学会合理安排时间，班级工作要做但这并不是你忽视学习的借口，况且班级工作不是每天都有，你总可以抽出时间来看书复习。第二，现在没有特殊事件一定要拿结业证去办理，那拿和不拿都一样，不急现在。第三，马上进入《C 语言程序设计》的期末考试，现在只考一门，而你以前学过自己后来多多少少又在看，40% 肯定是非常清楚的，况且就准备这一门课程，而你其他那么多课程都考试通过了，说明学习方法和能力是有的，所以这次就全力备战一定会通过考试。第四，你也可以利用空闲时间出去实习，明年回来再考另外一门也是没有问题的。第五，马上面临毕业了，为什么要因为两门课程而放弃读了 5 年的大学，希望你能慎重考虑。

杨同学：老师，我以后不考公务员、事业单位。

李老师：哦，可以啊，不想肯定是现在的想法，没有问题，以后我们不去预想，但是你想：首先，你已经出去工作一年半了，知道外面的企业很多都是需要双证（毕业证、学位证）的，你通过努力想晋升却没有机会，那只有望着；其次，留着双证，不需要就算了，如果需要呢拿出来即可，不是吗？再次，你以后也是要当妈妈的，当孩子问你的时候，你说我没有读毕业？只差一门？好像不太好是不？我们努努力，再试试，拼一拼，万一拿到了呢？最后，你作为一名学生干部在工作上的表现老师和同学都是有目共睹的，但是如果你连双证都没有拿到，又通过什么去证明自己的实力呢？

李老师跟杨同学说，他工作 20 年了，以前拿不拿双证觉得无所谓的大有人在，后来痛哭流涕要回来补办的人也不在少数，所以，希望杨同学不要放弃再努力试试。

杨同学：嗯，好的，谢谢老师！我努力试试。

李老师：这 30 分钟的电话结束后感觉自己好像又挽救了一个同学的人生一样，此刻是舒心的。

案例分析：

不仅对于杨同学而言，其实很多学生干部尤其在面临毕业这样一个特殊时期或多或少都会出现一些学习或心理上问题。作为一名学生干部，面临毕业应如何处理好学习与工作之间的关系呢？

（1）学习、工作分清主次。首先明确自己是一名学生，其次才是学生干部，学习是第一任务。主次不能颠倒，还是要以学习为重，不能因为作为学生干部而耽误了学习，反而应发挥带头作用，树立学习榜样。

（2）科学规划，合理安排。一名学生干部，需要利用好自己的时间。零散的工作，必然会花费更多的时间和精力，但时间就像海绵，科学地去分配学习与工作的时间，定能发挥出事半功倍的效果。

（3）勤与巧。要做到学习工作两不误，除了埋头苦干，更需要动脑思考如何巧干。利用智慧，解决好学习工作中出现的一些矛盾和困难。

（4）方法与技巧并重，提升效率。如果能配合上一些方法，加上一些技巧，一定能提高时间的利用率，充分缓解时间上的矛盾。这就需要把方法技巧结合到安排中去，同时利用科学的规律，制订出一套实用可行的方案，以提高自己的自律性，完成学习任务，同时在学习上遵循学思结合、学用结合、用思结合的规律。通过长期的学习，持久地加入所学的学习内容，才可以让思维更上一层楼，焕发新机。但学了不思考，就会没有活力，所谓"思而不学则殆"。所以需要更多地结合学与思，然后通过大量的实践，自身总结经验，体悟出深层次的内涵，就能不断优化，不断前进。

（5）区分急与不急。往往工作中事务烦琐，但又不可能同一时间完成，除了需提高效率外，更要分清主次，层次性地计划工作，这样才能在忙碌的工作中紧张有序，得到各方的认同，同时也不耽误任何一方的工作。工作的时候雷厉风行，珍惜时间的价值，用最短的时间完成工作，从而利用更多的时间学习。

案例二十一：接近那一点心距，成就那一份健康

张同学，某本科院校学生。刚进入大学时，热情饱满，对学校事物都保持新鲜度。在班级竞选班委时努力向班委的位置靠拢，并在竞选时介绍自己说比较了解班委一职，对班级事务比较了解，最后竞选成功担任班级临时班委。在担任临时班委时由于班群活动消息发送啰唆，抓不住重点，被相关负责人训导，在训导时情绪波动较大，导致相关负责人不太敢说出原因。后期工作中，有同班同学陆陆续续向老师反映张同学存在的问题，工作安排依旧混乱，有存在抱怨的情况。在老师经过协商后进行了第二次的班委竞选，张同学参选失败。在班委换选成功后，班委的工作正常进行，张同学的问题也渐渐显现出来。班级团建的时候，没有及时看班群通知，迟到后没有很好地融入班级团建当中去，并在途中向老师反映不太能理解团建的游戏环节，团建活动中，参与度不高。在一次学校活动的安排中，班委发放礼品时间不及

时，使张同学错过礼品领取环节。张同学一直抱怨，与班委产生冲突。在与老师交谈中，不愿说出自己的问题，一直说自己能够解决。但问题还是频频出现，没能得到缓解。

谢同学，新生班班委，性格温和，平时也比较喜欢和班上的同学打交道。这是他自述的一个案例。在高中的学习中，谢同学一直成绩优异，被作为学校的重点培养对象，自己也一直努力。但事情突变，成绩突然下滑，自己再怎么努力都无济于事，最后的高考成绩也刚能被二本院校录取，并没有达到自己的目标。在高中后期的学习生活中，谢同学一直感觉有人在背后议论自己，导致自己出现崩溃现象，每当同学看向自己时，都会去思考他们到底在看什么。其间，有几名女同学在谈及他时被其听见，至此他对女生的不好感觉也就比较强烈。进入大学后，在一次课程中，班上的一名女同学向后看了自己一眼，令他感觉不舒服，便与女同学在线上产生语言冲突。在班导生知晓此事后，出面解决，并约谈谢同学。谢同学表现平静没有反抗，在交谈中积极阐述自己的问题，导生和班主任说过此事后，班主任建议谢同学去心理咨询室咨询，谢同学接受了建议。他在后期的学习中也积极反映问题，和班导生一起解决问题。

案例分析：

张同学在步入大学时，无法将高中与大学的生活方式协调好，导致班务安排方面无法做到优秀，也没有很好地接受他人的意见，心理承受能力较弱，被指出问题后情绪波动过大。在落选班委后不能很好地与其他班委及同学相处，常常从自己的角度出发，没有顾全大局。在老师主动找其交谈时，没有很好地表达自己，还是将问题保留没有得到解决。在从高中进入大学这一个过渡期中，每一位学子都应该明确自己的位置有所改变，不能保持原有状态，稳步不前。高中生活大多是按照框架进行，有着班主任的指引与安排，自主完成的工作较少，进入大学后，方向完全改变，需要自己完成的工作有很多，而且都是自己没有接触到的问题，需要靠自己解决。在面对同学交流方面需要明白的是，大学同学的接触时间较短，不太能迅速融入对方，需要多为互相考虑。在大学里，如果存在心理问题需要发泄情绪，一定要找到正确的方式，不能影响到他人。

谢同学在高中时由于成绩的突然下滑，自己原本的生活方式被打断，从山顶突然跌落到山谷后没有正确面对，过于消极地看待他人对自己的看法，并将其带入了大学生活中，在与大学同学的接触中也没有很好地处理与同学的关系。不过在接受老师的指导中找到了良好的方式。学习成绩并不是所有事物的衡量标准，一味地对其注重会在突然的失败中彻底跌落，理性看待生活中的各种事物，不要太过于关注他人对自己的看法。一千个读者就有一千个哈姆雷特，他人的看法并不能决定自己的生活轨迹，自己的生活还是需要自己去完善，理性看待事物，正确接受指导是比较好的一面，在日后的生活与学习中也应保持这一点。

综合比较以上两个例子，我们认为乐观、热情、诚恳是心理健康的最典型的特征。数量较多的大学生在心理上存在困扰，就目前而言，大学生群体的心理健康状况令人担忧，有过心理方面困扰的大学生竟高达百分之九十以上，这些数据应当得到国家、学校、社会、家长和我们学生自己的高度重视。人际交往、就业、学业等方面的压力是造成大学生心理困扰和心理问题的重要因素。有些大学生性格相对稳重，遇到烦心事时喜欢憋在心里，不向任何人诉说。当然大部分同学遇到让人苦闷的事情，还是会主动向身边的人倾诉或"吐槽"，但多少可以看出，在心理健康意识上大学生们总体上还是缺乏的。受传统错误思想的影响，有些大学生非常抵触看心理医生，哪怕遇到了不能排解的烦心事，仍旧选择"伪装"和掩饰，久而久之，消极情绪累积到一定程度就可能出现心理失衡、心理危机，更有甚者，直接影响了自己的学习和生活，出现极端事件。面对这些情况，国家、社会、学校高度重视，大力推进各项措施进行解决。越来越多的高校设置了心理咨询机构，同时开设了心理健康教育课程，举办心理健康教育活动。但是，由于学生对此意识不够、对心理咨询人员信任度低、咨询人员理论知识水平不高及经验不足、学校经费不足等原因，前来咨询的学生并不多。因此，我们有以下几点建议。

班主任应主动关心、高度重视班级同学的心理健康。并且其应与学校心理咨询中心相互配合，加强对心理健康教育的宣传，利用重要节假日或具体事件举办讲座。开展内容丰富、形式多样、富有意义的文化活动，为同学们的心理健康提供良好的文化土壤。

学校心理咨询中心要结合学生实际提升理论基础，同时要改善工作方式方法，树立服务意识，不断提升服务水平，一定要深入同学中，切实了解大学生的心理状况，关心、关注大学生的心理健康，出现不好苗头应当主动关心，及时了解和处理。

学会了解和克服常见的人际交往障碍。在人际交往中，或多或少会出现或遇到这样那样的问题，主动了解人际关系中常见的问题，提升人际交往能力，将有助于我们的学习、生活和心理健康。在人际交往中要学会真诚待人、不随意否定。沟通时，语言表达要逻辑清晰、准确生动。懂得有效聆听，做到"三心"，即耐心、虚心、会心，做个善于倾听的人。此外，每个人都扮演着各类角色，这就要求我们在交往活动中，学会从心理上把自己想象成对方，设身处地感受对方的心理状态和行为方式，感受他人的心理感受，就会从心里理解别人，从而改善自己待人接物的态度。心理互换不失为培养交往能力的好办法。

大学生情感问题的调适策略：引导学生制订适用于自身的发展计划，用积极的态度来评价自我，借助大学生心理健康咨询中心和医院专业手段，及时疏导大学生的情感问题。

案例二十二：班委竞选的目的

新学年班委竞选完毕，李同学有天在 QQ 上发消息给班主任："老师，您有空吗？我有点事想问您一下。"班主任回复："怎么了，是当团支书遇到什么问题了吗？"李同学就在 QQ 上给班主任说了自己遇到的问题。原来是一直以来，李同学性格比较内敛，但又想着到了大学好好地提升一下自己的语言交际能力，所以到了大一的时候，就去竞选了班上的团支书，由于票数较少的原因，另一位同学竞选上了团支书，最后由于还有班委没有人竞选，所以便补上了宣传委员的空缺。由于没有经验，开始时会向上一届的师兄师姐请教，逐渐对宣传委员这个职位有了熟悉度，能够从容地去宣传各种活动和策划好活动安排，到了大二，本着锻炼自己和提高自己思想政治水平的目的，便在大二的班委换届选举中打算去重新再竞选一下团支书这个职位，最后，她竞选成功了。但她觉察到好像和另一个同学因为这次竞选产生了矛盾，考虑到是一个班的同学，就打算把误会说开，并且，也向老师寻求了意见，老师也根据自己了解到的相关经验劝导了她，告诉她，班委竞选是常有的事，不能因为不敢面对同学间的竞争，就去放弃，在感到疑惑的同时，问一下自己当初为什么竞选，是打算因为自己的胆小而放弃，还是大着胆子搏一下。顿悟了的李同学和那个同学交流后，那个同学也解释，因为在大一开学期间，团支书有许多工作要做，比如转团组织关系等，自己付出了很多，但是如今没有继续担任就有点不开心，相互解释后，李同学就打开了心结，也打算在这个职位上继续发展自己，继续为班级贡献自己的力量。

案例分析：

初入大学，面对各种新奇事物，总会不自觉地联想到自己是否也要做出一些改变，向着把自己发展得更加完美的方向去努力。于是产生了一些新的想法，比如竞选班级班委，在竞选班级班委的时候，就会想着竞选会不会破坏班上同学间的和谐，会不会没有人投票给自己，自己能不能担任好这个职位，等等，但其实最重要的是你需要考虑自己为什么要去担任这个职位，要弄清楚自己竞选的目的，有些同学就是在竞选的时候经常考虑这些考虑那些，最后连自己为什么要竞选都忘记了；但也有些同学在竞选时，就明确说出了自己的目标以及在这个职位上会为班级做出怎样的成绩，要把班级建设成什么模样，等等。能不能把班级管理好是竞选成功后才需要考虑的问题，不能本末倒置，也不要只是因为一腔热血就想着去竞选个班委当当，既然决定竞选班委，就要有为班级付出的奉献精神以及协助其他班委管理好班级的责任感。对于那些只是突发奇想竞选班委的同学，其结果显然易见。同学关系诚可贵，既要做到发展自己，也不影响班级和谐的氛围，这样的竞选才会更加促进一个班的蓬勃发展。

从上述案例可以看出，李同学对自身发展看得很重，但是也同样珍惜同学间的情谊。大一竞选失败后，她没有丧失信心，而是在另一个职位上继续为班级做贡献。可以看出，李同学还是有认真为班级做事的态度和发展好班级的信心。在大二的换届选举中，李同学由于和班上另一个同学竞选团支书这个职位，而产生了一些不愉快，自己也有点不开心，这个时候她没有自己消化，考虑到自己的认识和经验都有限，就转头向老师寻求解决方案，经过和老师的交谈，明白了竞选虽然重要，但是班上同学间的和谐也同样重要。大学里班级是一个整体，我们不可避免地会产生一些矛盾，但是只有不断地磨合，班级才能发展得更好。同学间的竞选与维护好班级间同学们的友谊关系，这二者并不矛盾。最终，李同学根据老师的意见以及结合自身的实际情况，和那个同学进行了一次交谈，交谈后发现其实双方都是很珍惜同学间的友谊关系的，从而又恢复了当初同学间的友谊。

那么，结合实际思考，从培养班委的角度来说，要理性理解班级同学间的竞争，班级之间就要有竞争，这样才能激发大家的学习热情，班级之间也要有合作，使大家共同进步。竞争与合作是永恒的话题，也是常见的现象。要融入社会、适应社会就必须了解竞争和合作的真正内涵，懂得平衡二者的关系。就像硬币的两面，一面来看，竞争和合作是相互对立的；另一面来看，二者却又是相互统一的。这就要求大学生们既要在思想上正确认识二者的关系，又要在实际操作中正确处理和运用，这样才能拥有健康和谐的人际关系。一般来说，竞争是具有积极意义的，不会由于竞争而破坏了班级间同学们的友谊关系，竞争有助于激发同学间的进取心，让大家学会审视自己，及时发现不足，不断改正和进步，产生"蝴蝶效应"，促进班级在良性竞争中前进。同时，在竞争中可以发现自己与对手的差距，主动补短板，提升综合能力。良性竞争、共同进步，才是竞争的目标。作为当代大学生，更要有远大的抱负，要从追求真理、造福人民这个根本目标出发，去参与竞争、参与合作，最大限度地发挥个人的积极性和创造性。

要维护好班级同学间的关系，换届选举本质上就是为了提升同学们的自身能力和自我素质并发现自己的不足，而不是为了去破坏班级里的和谐氛围，在竞争班上职位的同时，我们既要学会表达好自己，也要学会去良性竞争，而不是为了班委这个职位使同学们之间变得很尴尬，毕竟身为班委，我们也有责任去维护好同学间的关系，要想开展好班级活动，一个团结融洽的班集体是基础中的基础，其次才是根据大家的能力去对应地安排相应的工作。不管是为了班级活动，还是为了一个好的班级氛围，维护好班级同学间的关系都是十分重要的，这也是身为一个班委应该肩负的责任。

要懂得主动寻求老师的帮助。老师有着更多的经验和知识，老师无疑是学生人生道路上的一个重要的引导人，要学会向老师寻求帮助。在学校学习或者生活中遇到困难或者疑惑时不要自己闷着，可以将自己的疑问点或者困难点告诉班主任老师，班主任老师一般都会根据学生当下的情况给予一定的建议。当然向老师寻求帮助时也要讲求一定的方法，如果单纯地是一个知识点的问题，可以通过微信文字留言，把你的疑问提出来，老师在合适的时间会尽量回复你；如果你的问题涉及专业或对未来的选择，这对你的未来影响很大，这就无法通过一两句话回答你，可以选择预约面谈。面对有疑惑或者遇到难题的班委学生干部，老师应结合学生当下的实际情况，根据学生的性格以及在时间充足的情况下，分析学生所遇到的难题，帮助学生梳理思路，给学生提出解决当下难题的建议并引起学生的思考，下次再遇到类似的困难时，要懂得如何处理和解决。

案例二十三：新班长提高班级凝聚力

某老师从其他老师手上接了一个大二的班级，是个小班，一共只有30个人，与向原班长了解后，大一期间这个班级转走了好几个同学，班上男生居多，女生只有6个。在与班上学生接触过一段时间后，新班主任明显感觉这个班级没有什么凝聚力，大家对班集体的事情也不上心，尤其是大二班委换届，几乎没有人愿意竞选，但是此时有个女孩子——薛同学站出来竞选了班长，毫无疑问班长就是她。与薛同学交流后得知，薛同学曾经也是一个参与感不强的同学，但是，经过大一的历练之后，她逐渐认识到还是要走出寝室，多接触校内校外不同的人，所以她在大二的时候顺利竞选上班长一职。

　　她自己也说到为什么能顺利竞选上，说到底，还是他们班集体都没有人来参选，但是既然她有当班长的这个想法，也就下了一个把班级团结起来的决心，让班级的每位同学都能够为这个班级做出努力，集体活动一切以班级利益为最终准则，这可能就是她的目的。她希望建成的班集体是一个像大家庭一样的，大家能够互相交流，有说有笑。首先，她发现大家的积极性特别不强，无论是上课还是平时活动，虽然他们班不乏成绩优异的同学，但是他们上课也是不常和老师互动，自己埋头做自己的事情，不想标新立异，心里想的是做好自己手头的作业就可以了。参加平时的活动，全是按着学号进行下去的，没有同学主动上前报名。难道是他们都没有能力吗？答案并不是的。薛同学刚当班长时，她做的第一步就是把班级各班委的凝聚力提升起来。她明白凝聚力是一点一点积累变强的，她明白工作过程需要用心用情，所以她常常"悄悄地"关注班委们的动态，光关注还不行，得让他知道你关注着他，这样交流就产生了，共同点就慢慢显现出来了。任何时候，班级干部都与班集体的每一位同学的发展联系在一起，所以她也会定期召开班干部工作会议，没事开开小会，但是从来不会摆架子，开会的意思一个是征求其他班干部的意见，让他们也有主人翁的感觉，这种感觉到位会使他们做事情自然当自己的事来做；另一个是增加他们相处机会，开会的过程也不是很严肃，他们趁机调侃调侃对方。第二步就是组织班级团建活动。这个班集体去年九月份开始相聚在一起，由于疫情的原因，大家整个大一相处的时间也只有几个月而已，所以直到大二，班上的大部分同学甚至互相都还不知道名字。所以进行这样的团建，难度也是比较大。在一开始征集大家想玩的游戏环节就出现了卡壳，三分之二的人积极性都不怎么高，不是很想参与进来，但是既然组织了这次活动，也是希望大家能够熟络起来，这也对班集体的凝聚力有很大一部分的影响，班级上毕竟还是有一部分活跃分子，这里的活跃分子是指跟班上很多人都能唠嗑，勇于发表自己意见的那种人。这一部分很好拉小团体，因为薛同学自身也算是个"女汉子"，性格也不错，跟他们就是以调侃为主，大家都常开玩笑，见面多赞美多调侃，加上他们也积极参加院系活动，在活动和平日里相处多了，关系自然好，有问题的时候他们也会大声说出来。所以在团建进行过程中，薛同学密切关注班上每位同学的动态，当有极个别没有参与感的同学开始玩手机的时候，她也甚至把大家的手机收了起来只为了每个人都能够参与到活动中去。还有平时不怎么活跃的同学也会帮着布置气球、画黑板报，帮忙挪桌子、椅子。在玩"你比我猜"、"谁是卧底"等游戏的时候，看得出来，每个人都在努力地融入，他们向薛同学提出游戏过程中的不足然后薛同学立马改进，现场一片欢声笑语。再接着来就是薛同学碰上了学部举行的班级答辩，这又是一个凝聚班级团结力的好机会。她根据对大一红歌会、寝室文化大赛等活动的观察，大概筛选出了上台能力达标、愿意锻炼自己能力的同学组成了一个答辩小组。这个答辩小组是新颖的，也是参与人数最多的一次活动，小组的同学有些从大一开始甚至从来没有上过台，他们缺乏上台自如表达的经验，但是他们都有自己的优点，口才好，语言组织能力强，敢于挑战自己，临场反应能力快。这过程中也遇到许多问题，但是知道每个人优缺点，会帮他们组织活动很大忙，比如了解哪些人讲价厉害，派他们去租正装；有人际关系广的，派出去找新闻部门的帮忙拍照留念，省费用；有擅长设计的来做班徽，色彩和图案运用得十分到位；有爱摄像的，就负责制作班级宣传片；深更半夜发现答辩PPT出错需要手工修改，能吃苦耐劳的同学凌晨还在一起改。答辩当天，没有上台的同学即使有些没有吃饭也自愿乖乖地坐在台下等待着为本班答辩欢呼。

案例分析：

大家大一初入班级，或多或少有点害羞和认生，这是正常的现象，彼此之间的团结集体意识可能也是以寝室为单位。这也是年龄和阅历增长以后的结果吧，大家开始将更多的精力花在更少的人身上，慢慢地开始缩小彼此的社交圈。在小学，大家都会听从班主任的指挥，上了中学，大家都会为了班集体的荣誉而喝彩，上了大学，大家的集体意识确实没有那么强，都是自顾自地。但是毕竟是一个班集体，班上同学就要为了这个班集体或多或少地付出。这对每一位同学都有一定的影响，而想要把班级很好地运作起来，关键就是班级凝聚力。

第一，班上会有主动竞选班级干部的同学，所以首先要做的就是团结好班委们，因为每位同学既然选择竞争了班委，那么他们身上肯定会有一定的责任感，只有先把班委们的责任感调动起来，才能调动同学们的积极性，使同学们更加团结，从而增强班级的凝聚力。班干部要制订班级管理计划和班级纪律管理制度，管理好班集体生活日常事务，以确保班级各方面的信息通畅，让整个班级能够在学部上站稳脚跟。任何时候，班级干部也与班集体的每一位同学的发展紧密联系在一起。

第二，召开会议就是为了通过总结每周工作，达到增强责任感、提高工作水平的目的。这样班级内部组织之间的关系能够得到有效的调和，班干部之间相互团结、相互促进。班级团结意识并不要求每位同学牺牲自我来成全班级，相反是要大家各施所长，挥洒个性。在游戏环节，每位同学可以共同完成任务，大家可以协商着分配任务，明确的协作意识和方式使他们产生了真正的内心动力。通过班级团建，同学之间的感情有了明显升温，班级凝聚力也大大提高。

第三，心之所向，确定共同奋斗目标并为之努力。共同的奋斗目标是一个班集体形成的基本条件和前提，没有制订班级的短期或者长期目标，就没有全班学生奋斗的方向，从而使同学们在奋斗过程中少了共同前进时所需的凝聚力。

总之，要搞好班级凝聚力，最主要的就是走心，如果班长精力不足，能走心的人不多，那么就让你能走心的人去"走"其他人的心。人的关系就是一张网，一个连一个，这样班级就成了一张网，自然就团结起来了。

案例二十四：大学专业认知，未来的路你选择怎样走

规划是指导人生理想的蓝本。作为一名当代的大学生，面对的是一个高速发展的世界。如果你对人生没有规划，那么你必然落后于这个世界。而规划的前提则是对自己所处的环境、环境中的人和事有一定的了解。而对于大学生来说，大学专业就是一个对自己规划的认识。对于你所学的专业有了一个怎么样的认识？面对转专业的问题，又有怎样的抉择？让自己问自己一个问题："未来的路你选择怎么走？"

李同学，大二某班班长，大一上学期就读的是非自己所选专业（调剂），大一下学期完成专业转向。高考的征程落下帷幕，奋战十余载的学习生涯有了一个中间的休息站，从高考到大学录取，经历着考试—等待成绩—学校专业选填—录取情况—就读或复读这一流程，最后的选择大部分会选就读，复读所需的勇气是巨大的。李同学选择了前者，按照正规流程到学校报到，熟悉环境，了解课程。经过一段时间的就读后发现，自己现在就读的专业并非自己喜欢的专业，便开始了解转专业的规章制度，在大一下学期成功转入自己二次选择的专业就读。而孙同学，情况和李同学相似，也是担任了学生干部，他虽然不喜欢自己的专业，但是并没有转专业，而是选择接着就读于现在的专业。大一时期对专业不了解，也对转专业的情况不是特别清楚，便没

有选择转专业。而在大一和大二的学习中渐渐发现，自己所就读的专业其实并没有自己以为的那样困难，自己也能接受。

案例分析：

大学专业的选择是自己对自己以前学习的一个负责态度的展现，经过千辛万苦得来的成绩在这一刻得到了它的价值。专业的选择大多会考虑到自我的喜爱程度和今后的就业方向。对于自己不熟悉的专业要适当考虑转专业。每个学校的转专业制度也不尽相同。

就××学校《××学校转专业管理办法》摘选：有下列情况之一者，不予考虑转专业：（1）由低学历层次转为高学历层次者；（2）高考考试科目不同的专业之间不能互转；（3）招生录取时有特殊要求或以特殊形式招生录取者；（4）在校期间已经转过一次专业者。转专业的办理程序：（1）申请转专业的学生，填写《××学校转专业申请表》，由学生所在二级学部（学院）对基本条件进行审查并签署意见，学生再将申请表交转入二级学部（学院）签署意见。转入二级学部（学院）负责汇总，于X月X日形成统计表交教务处学籍管理科。因疫情原因学生未在校，学生本人填写好申请表格，可委托辅导员等人办理相关手续。根据《××学校专业管理办法》，第一学年结束时跨专业类转专业需延长修业年限。专业类的划分以教育部《普通高等学校本科专业目录》为准。参与创新创业的学生，第一学年结束时申请跨专业类转专业的，经本人申请，以及转入专业所在二级学部（学院）审查同意，可转入同年级与创新创业活动相关的专业。（2）教务处在学校办公网上公示转专业学生名单，纳入公示名单的学生不能放弃转专业。（3）转专业名单经学校审批后，由教务处发文公布。学校规则制度有明确的转专业条例，这给了同学第二次的选择机会。著名心理学家金树人教授曾说过这样一句话："一个人若是看不到未来，就掌握不了现在；一个人若是掌握不了现在，就看不到未来。"他论述了现在和未来的辩证关系，同时也告诉我们一个所有人都知道的道理：只有立足现在，才能放眼未来。以实际情况来说，你现在所学的专业，或许并不一定会成为你以后的职业。但是，你现在对你所学的专业的态度，必然会成为你以后对待你职业的态度。"人是自己幸福的设计者"。作为一名大学生，应该立足于事实依据，去制订一份大学四年的规划，对于转专业，都应该深思。大学不应该是懵懵懂懂地混日子，而应明确自己的方向和人生目标，才会觉得大学四年是有意义的。在我国，大学专业共分为13个学科门类，包含92个专业类和703个专业（不包括军事学）。就单单专业的大体分类就已经使人找不到方向，而对于专业的选择，有不少的同学是自己主动填报志愿，也有相当一部分同学是由于被迫调剂，还有部分同学是由于转专业或者其他原因；兴趣爱好、周围人的建议占比也不少，当然还包括专业的就业前景，那么只考虑选个好大学的比例就少了。综上，兴趣爱好、亲朋好友的建议、专业的就业前景是选择学校的几个重要因素。就专业选择满意度来看，大多数的同学在上大学后对自己专业的了解程度有一定的加深，并且对自己专业比较了解的数量比例增加较大，可见大学专业教育有比较大的意义。对自己专业非常了解的人很少，有 1.87% 左右，大多数的同学对自身专业还没有彻底的了解与认知。

在大学的学习生活中，有相当多的同学没有想过转专业或者选修双学位，有部分同学有想过，但只有少量同学已经转专业或者选修了双学位，由此可知，在对专业满意的程度上，同学们选择转专业和选修双学位的情况应该是比较少的，但是如果对专业存在不满意的情况，会有想法，但是真正去落实的比较少；在对以后从事本专业的工作的调查中发现，有不少的同学是已经想好从事本专业的工作，但是也有相当多的同学不确定。对于大学专业的认知，是一个主动的过程，不能过于依靠外界的影响来改变自己的想法。转专业是一个给自己再次选择的机会，有需要的情况下需要去了解与践行。而面向自己现读的专业也需要理性面对，在不熟悉的状态下要去做更多的了解，或许会发现其中的奥妙。

在学校层面，各大学以及招生学院填报志愿时能够给予相应的信息，保证将本校所开设专业课程的信息尽可能完整地传递给考生，让考生在结合自己实际情况和喜好的情况下做出自己不后悔的选择，以便在以后的专业学习中能够带着兴趣学习；学校也要注重教师队伍的建设，提高教师的专业素质、授课水平以及传递知识的能力，注意多元性教学，加强与学生的沟通，在同一专业的学生里因材施教，依据学生的能力及兴趣进行小的细分；科学地建设专业学科体系，合理分配专业课程在大学四年里的教授，难度循序渐进，帮助学生构建本专业的框架体系；增强实践环节，上课注重理论与实践的结合，忌空谈理论，不拘泥于教材，学校尽量安排好专业实习机会；多开展专业讲座、报告会等活动，注重与其他学校相同专业的老师、学生的交流，以丰富、完善本校专业的建设。

案例二十五：合作才能共赢

竞争是人类社会前进的力量，是一个永恒的话题。但为了竞争，为了取胜，而忽略感情，似乎得不偿失。"俄罗斯方块"这个游戏告诉我们一个深刻的道理：那就是想要赢到最后，就必须懂得"取长补短"。唯有合作才能双赢，这个原理，同样适用于生活。

学生干部赵同学在语言表达上很有天赋，在大一加入了自己感兴趣的演讲与口才协会，因为她在高中曾任职过学校活动的主持人，所以有着比其他同学较为丰富的经验，并且她在社团里表现优异，得到了社团部长的青睐。在社团活动中，赵同学总是积极参与，大胆表达自己的想法和意见，跟其他成员推荐并解说自己的想法，社团的成员都表示赵同学是一个独立思考、有责任心的好部长，部长选举她们都看好赵同学。到了大二，由于社团换届，所以要挑选新一届的部长和负责人。在演讲与口才协会里，综合社团成员的表现，赵同学不负众望当选部长，另一位李同学，入选为社团负责人，二人成为搭档。赵同学和李同学共同负责该社团的所有事务。大二时，社团迎接了一场大型活动，此次比赛十分重要，是一年一次的大型活动，奖品丰富诱人，以此来激励参赛者。赵同学接到通知后，当天晚上简单策划了一下，并找李同学商量。李同学的活动方案是要求社团全部成员必须参加，身为社团成员，对社团的活动要有责任心，要体现自己在社团的作用，没有参加的会有惩罚。赵同学的活动方案是采取社团内部奖励的方式，以此激励社团成员积极参与，属性是自愿参加，但采用鼓励的方式，希望大家主动表现，主动抓住提升自己、展示自己的机会。负责人李同学担心参加活动的人很少，坚持自己的活动方案，并多次向赵同学表达自己的意见。这下赵同学为难了，大一时，每次讨论发表自己的意见时，成员们都表示支持，赵同学还没碰到意见分歧的情况，但她想到自己是社团部长，整个社团成员不应该都听自己的吗，尽管李同学的顾虑有道理，但认为作为社团部长，应该拿出自己的威严，于是赵同学直接否定了李同学的方案，李同学在这件事情上开始对赵同学有些失望，在后面的活动中也表现出了不想跟赵同学商量的现象，甚至意见分歧越来越多，赵同学与李同学逐渐有了矛盾。赵同学完全没有反思自己，在后面越来越强势，固执己见，这让李同学对二人的合作关系产生了抵触甚至厌恶的情绪，社团成员在没有共同的领导情况下，也失去了方向，逐渐对社团活动等失去兴趣，最后导致社团管理混乱，向心力匮乏。

案例分析：

大学是一个小型社会，学习生活方式比较自由，进入大学，学生会参加自己感兴趣的社团，在团体里，如果想要晋升学生职位或者获得很多社会经验，不仅要表现优秀，更要学会人际交往，与人为善，团结协作。学生如果能很好地处理人际关系，多听听别人的意见，多考虑别人的想法，能放下所谓的"干部身份"，相信能赢得更多人的掌声，毕竟合作才能共赢，才能共同将事情做好。从上述案例来看，赵同学凭借在高中主持人的经验，在大一参加的演讲与口才协会社团里表现优秀，在社团里也大胆表现，积极参与。到了大二成功入选为部长，作为部长她的责任更重，因此更繁忙了。在与李同学商量的活动方案中，她作为社团部长，把部长威严放在了首位，而没有考虑李同学的意见，导致后面与李同学常常发生意见分歧，并最终与李同学发生矛盾。赵同学认为自己是社团部长，其他人都应该听自己的，这个想法是错误的，要想大家认同就要得到大家的支持才对，更要考虑合作负责人的意见，才能更好地建立一个团结优秀的社团。如果赵同学能考虑一下李同学的方案，可以把加减操行分作为参考，参加活动的人可以加操行分，不来的则减操行分，这样就综合了李同学的方案，找到与双方之间的平衡点，这样对社团成员来说也是一个很好的激励方式，也提供了一个帮助大家拿到学分的机会。但是她这样独自做决定，不但不能赢得全部人的支持，还可能会遭到同学的反对和不服，这就是没有考虑到集体利益。赵同学想要在集体中实现个人利益，让别人都按照自己的方法来，这是不可能的，毕竟在集体社团中，平衡大家的利益，合作才能共赢。到了大三，赵同学开始忙于自己的事情，对社团也没有那么负责了，很多社团的事情直接通知下去就不管了，更别说与李同学合作商量社团的事情，而社团的成员也变得没有那么热情了，两位负责人总是意见不统一，社团成员更不知道怎么选择，长此以往，搞得整个社团变得很散，社团的风气也不太好。在这样一个社团里，部长不重视，成员不积极，社团就如同一盘散沙了，在同其他社团的竞争中，就会因此落后。

　　在大学里作为学生，不管在学习上还是日常的工作任务中，都处于一个共同的社会环境中，学生首先要独立思考这是没问题的，但仅仅只靠自己一个人是不行的，与别人合作时不免会出现意见分歧，学生要学会退一步，与别人达成共识岂不是更好，利益双向化无疑是交友的一件利器。如果是担任了某项社团或者班级等集体的负责人时，更要考虑到很多人的意见，尽管自己可能会有很好的处理方法，但牵扯到大家利益的事，要经过大家意见统一，平衡大家的利益，这才是对每一个事情或问题最好的处理。从古至今，都是合作才能共赢，古代皇帝亲民，多为百姓民众考虑才赢得了人民的支持，那样的一个国家才会更强大，有团结才有力量。在大学里亦是如此，多与别人参与合作，在合作中会发现，意见不合是家常便饭，去找那个平衡点，也就是更多地去理解别人，更多地认同或多多地考虑别人的意见，才会实现双方利益最大化，对自己在人际关系中也是有一定好处的。

案例二十六：从一次"市优秀共青团员"申报说起

2020 年 3 月，学院团总支书记刘老师接到所在学校团委两则通知：一是关于申报 2019 年度××市优秀共青团员、优秀共青团干部、五四红旗团委（团支部）的通知，二是关于推荐 1 名同学参加"××市优秀共青团员"评选的通知。接到通知后，刘老师便将第一项通知的相关文件、评选要求、名额分配等发送给了相关班级的辅导员老师，并通知各班按照相关要求在指定的截止时间内上报相关材料。与此同时，因为"××市优秀共青团员"评选只限 1 项名额，刘老师根据辅导员老师们的带班情况，并决定以班主任为单位进行人员推荐，限推荐 1 名。同时，结合文件要求，细致地把每一份表格、每一项栏目的具体填写要求和注意事项都给一并发在了通知里。

截止时间前，各班基本按照要求提交了相应的表格与材料，刘老师便组织进行了汇总并反馈至各班级进行评选前的核对，在这一过程中，也很突出地显示出几个问题，比如有学生反映自己的获奖情况漏写了想补充，或是奖项的级别、时间点错误了要修改等，同时，刘老师也发现多数申报同学们的个人事迹写得冗长、不清晰，描述的内容没有进行分点陈述，第一印象没有重点，部分同学上交的电子表格排版不够整洁、规范等。于是，各班涉及的同学又开始陆续补充更新，重新汇总，导致评选节奏比预想的时间慢了一些，并增加了一些无意义的重复性工作。但经过第二次的答疑、补充，个别同学添加了自己的学生干部经历，有些同学添加了个人组织、参与的大型活动以及社会实践、公益服务、志愿者服务等，有个别同学的先进事迹从七、八条直接增加到了十五项左右。最后，在公示评选结果期间，收到某位参评候选同学（一名学生会学生干部）对老师们的反馈，虽然她觉得自己的个人事迹也非常符合本次申报的要求，但是确实从公示出来的材料上来看，自己输了，尤其是自己完全没有把自己的优势体现出来，事迹描述上完全没有重点，有些个人经历自以为可能不重要，压根就没有写进来，通过这次的评选，自己也明白了以后一定会认真对待每一次的申报材料。

案例分析：

大学里涉及的获奖评优很多很多，从班级级别、校级级别再到市级、省级、国家级的都有，每项获奖评优都涉及个人情况的申报，可能是线上系统的申报，也可能是线下纸质文档申报，但不管哪种方式，学生个人主要事迹的填报，主要奖项的列举等往往都是必要的内容之一。与此同时，老师们也发现，虽然在校内会经常在各个环节指导和要求学生们常用的文档一定要规范、完整，但是有些同学，包括使用、提交文档最多的学生干部依然会出现提交的文档内容不完整、命名随意、排版不规范等情况，甚至有些学生干部完全不重视文档、材料的规范，一度觉得这些都是小问题，本质上也不会造成什么严重影响等。实际上，有些同学可能恰恰就因为这些材料不完整、不规范而落选一些比较重要的奖项。面对这样的情况，老师们主要可以从以下几个方面来指导学生们。

（1）任何文档材料的填报首先必须要保证真实可靠。不管是申报还是竞选，抑或是比赛等，首先必须要确保自身上报材料、作品的真实，绝不允许弄虚作假和胡乱夸大。

（2）根据不同的申报要求，材料填报要有侧重。在做具体的申报材料时，首先应仔细阅读相关通知文件的要求，可以尝试找到一些参照模板来学习，先勾画框架，再进行翔实的文字添加补充，对于想要重点阐述的部分，必要的时候还可以附上相关的证书扫描件、网络截图等作为佐证说明，以增强文档内容的饱满度。

（3）加强对学生干部的常见办公软件应用能力培训。作为大学生，首先要从思想上高度重视平时的文稿撰写能力培养，不放过每一次锻炼的机会，当然，要写好文档需要时间慢慢积累，绝不可能一蹴而就，大学期间的积累也会让自己在日后的工作中打下良好基础。那么在打基础的过程中，必要的练习和培训是绝不可少的，除了老师们以讲解的方式详细讲解，还要以身边同学为个例，加强案例分析和同学之间的经验交流等。

第三部分 团体辅导

对青年大学生开展团体辅导有助于他们深化对自己的认识，改善人际关系，增强自信，提高适应能力，使大学生的潜能得到最大程度地发挥，以预防心理问题的产生；对学生干部开展团体辅导还可以帮助他们提高交流协作共识，发现找准问题，通过与团队成员的互动，调整自身存在的不足，培养成员的适应能力，加强心理健康；在团队协作中，总结经验和尝试新方式，使成员获得归属感和满足感，创造信任的、尊重的、接纳的团体氛围，让团队发挥更大作用。① 团体辅导具有如下功能。

　　教育功能：团体辅导的过程是一个借助成员之间的互动而获得自我发展的学习过程。团体辅导非常重视成员的主动学习、自我评估、自我改善这三个方面，有利于成员的自我教育。团体辅导的过程还有利于培养成员的社会性、学习社会规范以及适应社会生活的态度与习惯。成员在团体中可以进行信息交流、相互模仿、尝试与创新、学习人际关系技巧等，这些都具有教育的意义。

　　发展功能：团体辅导的积极目的在于发展的功能。通过辅导给予学生启发与引导，满足学生自我发展的需要，促进其对自我的了解与接纳，学习建立充满信任的人际关系所必备的技巧与方法，养成积极应对问题的态度，树立信心，培育希望，充分挖掘个体内在的潜能，促进心理良好发展，培养健全的人格。

　　预防功能：团体辅导是预防心理问题发生的有效途径。团体辅导可以使成员加深对自己的了解与认识，懂得什么是适应行为，什么是不适应行为。团体辅导可以为成员之间的交流了解提供更多的机会，可以互诉心声，讨论日后可能遇到的困难及应对策略，增强其独立处理问题的能力，预防其心理问题的发生。在团体辅导中，辅导者不仅要能够发现那些需要个别咨询的成员，并及时给予帮助，同时也要能使成员对心理辅导有正确的认识和积极的态度，心理上做好准备，一旦需要帮助，就会主动求助。

　　治疗功能：许多心理学治疗专家强调人类行为的相互作用。团体活动的情境比较接近日常生活与现实状况，以此处理情绪困扰与心理偏差行为更容易得到好的效果。在团体中成员有勇气面对问题或困扰，在辅导者与成员的帮助下，获得反馈并使问题得到澄清与解决。

　　根据樊富珉《团体心理辅导》，可以用柯里的四阶段发展论② 指导团队辅导的开展，其重点如表 3-1 所示。

---

① https://jingyan.baidu.com/article/0320e2c1e2c3611b87507b2a.html.
② 樊富珉. 团体心理咨询 [M]. 北京：高等教育出版社，2005：140.

表 3-1　柯里的四阶段发展论的重点

阶段	特点	成员的功能	可能出现的问题	指导者的功能	设计重点	主要工作
初期阶段	1. 彼此认识、试探； 2. 建立团体基本规范； 3. 成员担心被拒、少冒险行为、学习互动、建立信任感	1. 主动态度； 2. 学习表达自己； 3. 参与团体规范建立； 4. 确立个人特定目标； 5. 学习团体的基本过程	1. 有人会有看戏的心理，等待别人去表达； 2. 有人会害怕，难以信任他人； 3. 有人会表现抗拒； 4. 有人很快提供建议	1. 教导成员团体的基本规则； 2. 鼓励成员表达内心的感受； 3. 示范自我开放； 4. 帮助成员建立个人的具体目标	1. 营造温馨气氛以开始团体辅导； 2. 设计无压力状态下的互相认识活动； 3. 澄清成员的期望； 4. 拟定团体契约与规范； 5. 设计初步的自我表露； 6. 配合每次团体主要目标的活动	1. 确定第一次团体辅导与治疗会面的目标； 2. 明确第一次会面要考虑的内容； 3. 掌握协助成员投入团体的方法； 4. 选择初始阶段常用活动
过渡阶段	1. 自我察觉提高，但开始有矛盾心理，想安全地躲着，又想冒险地表达自己； 2. 抗拒、焦虑、自我防卫强； 3. 会经历权力争夺； 4. 会向领导者挑战，看看能否适当地处理问题	1. 须承认不舒服的情绪并表达出来； 2. 处理抗拒及独立和依赖的冲突； 3. 学习建设性的方法来面对别人	1. 可能会将别人归类，也可能给自己加上标签； 2. 可能不愿表达负面的情绪而造成彼此间的不信任； 3. 面质处理不当，而使防卫更强； 4. 可能形成小团体而彼此冲突	1. 教导成员了解及处理冲突的情境； 2. 协助长远了解其自我防卫的行为方式； 3. 示范直接且机智地应付各种挑战； 4. 鼓励成员谈论此时此地有关的事情	1. 设计增加团体信任感与凝聚力的活动； 2. 设计引发中等层次自我表露； 3. 设计此时此地的分享活动以激发团体动力； 4. 设计成员之间正向的反馈； 5. 配合每次团体主要目标的活动	1. 确定目标； 2. 明确领导者的责任； 3. 掌握技巧的运用； 4. 选择过渡阶段常用活动

阶段	特点	成员的功能	可能出现的问题	指导者的功能	设计重点	主要工作
工作阶段	1. 凝聚力、信任感提高； 2. 彼此互为领导者、坦诚自由地表达及给予功能反馈； 3. 较愿冒险，让别人更深入地了解自己，并改变自己； 4. 成员间的冲突是直接且有效的，也支持鼓励处理； 5. 较适时的面质及支持、鼓励别人	1. 要将有意义的主题带入团体； 2. 彼此轮流担负领导的功能； 3. 开放地接受回馈及给予回馈； 4. 在生活中实行其由团体中所学的技巧； 5. 面质别人也支持、鼓励别人	1. 彼此熟悉，为了情面有时难以面质别人； 2. 会有领悟，但却做不到； 3. 面质及情感假而带来较大的压力	1. 示范面质与支持二者之间如何取得平衡； 2. 鼓励成员领悟化为行动，尝试新的行动； 3. 有共同的主题，让成员能共同参与	1. 设计引发深层次的自我表露； 2. 设计引发成员间正向与负向的反馈； 3. 设计探讨个人问题的活动； 4. 设计促进改变行为的活动； 5. 配合每次团体主要目标的活动	1. 确定目标； 2. 明确领导者的责任； 3. 掌握技巧的运用； 4. 选择工作阶段常用活动
结束阶段	1. 有分离的忧愁； 2. 成员会担心没有团体的支持是否能继续力行其所学及决定； 3. 对整个团体历程做回顾及统整	1. 尽量将所学带到日常生活中； 2. 未完成的主题或还没有解决的问题要加以处理； 3 回顾团体的历程，将所学加以吸收，以成为自己认知的一部分	1. 因要分离，成员有的难以面对，又要封闭自己； 2. 成员未回顾并做统整； 3. 有的未将此结束视为成长的一个阶梯，而在此打住	1. 处理分离的情绪； 2. 基于时机会处理团体中未完成的事件； 3. 让成员彼此给予及接受建设性的回馈； 4. 帮助成员统整团体中其所决定的事； 5. 与成员订下家庭作业，使成员能继续实行其决定的事	1. 回到中层、表层自我表露； 2. 让成员有机会回顾团体经验； 3. 让成员给予与接收反馈； 4. 让成员自我评估进步程度与团体的进行状况； 5. 处理离开团体的情绪与未完成事项	1. 明确团体结束的任务； 2. 预定团体结束的时间； 3. 掌握技巧的运用； 4. 选择结束阶段常用活动

团辅一：绘画接龙

一、团辅目的

1. 提高团队成员的绘画自信，感受绘画过程的乐趣。

2. 锻炼团队成员集体创作、发散想象的能力。

3. 在集体创作中，利用互动、帮助、交流的方式，培养整体把握画面的意识。

4. 在评述过程中锻炼团队成员的语言表达能力，提高成员的欣赏水平，激发成员的绘画热情。

二、团辅重点

1. 教师要在已经形成的画面中发现问题，适当提示，使团队成员能去思考和补充画面。

2. 要让学生干部成员在绘画过程中体会到过程才是重要的，感受创作的激情。

3. 要让学生干部成员在作品呈现时感受画面风格和表达的变化，切实体会团队向共同目标前进和团结协作过程的重要性。

三、团辅难点

1. 通过引导使创作的作品能达到预期呈现。因为无法预知学生究竟会画成什么、到什么程度，可能最终结果会让学生很兴奋自豪，也可能教学效果未能尽如人意。

2. 带领集体创作后评估能否有良好效果，包括怎样判定合适的团队辅导评估量表，团队成员在团辅前后的感受如何显示变化，如何能让团队成员真实、正确的表达。

四、团辅过程

1. 开场

师：团队成员都生活在班集体中，请你们写出集体至少2个优点并上交。今天这次团辅活动，既然是团辅，就是让所有的学生干部，每个人都参与，大家一起来绘画，团辅名字叫"集体创作——绘画接龙"。

2. 规则

（1）在空白纸上，每人只限画 1 笔，或者你也可以选择用彩色笔给画面涂色。（2）不能擦掉或者用色涂盖别人画的线条和颜色。（3）请你根据前一个人的画，发挥想象，任意在画面中添加。（4）你觉得需要什么，你觉得缺少什么，你就为这幅"巨作"添画什么。

3. 经过

团队成员依次上台。然后每人参与开始创作这幅由全体学生干部成员集体完成的"巨作"。其间，教师根据画面，适当叫停给予提示和引导。直到最后一个成员画完。

4. 交流

欣赏作品，感受绘画的自信和自豪感。

5. 继续创作

师：有总结就有进步，有团结协作就有创新变化。请团队中一成员重新给出一词语并作出再次绘画接龙的安排，重新创作 20 分钟。团队成员依次进行作品的展示和阐述。

用 5 分钟让学生撰写感受和感悟。

6. 总结

团辅目的：学生干部成员体验这个过程获得怎样才能建立一个好集体的启示。

一是让团队成员感受到绘画过程的乐趣，在作画的过程中，形象和色彩的不断变化带给我们无限的联想，至于画成什么其实没那么重要，我们努力了，并且快乐了，这才最重要。可能不仅绘画如此，很多事情都如此。

二是让团队成员在创作中注意整体的变化和细节的处理，最终集体创作出一幅可以和大师相媲美的画作，团队让个体成长，个体的努力让团队更优秀。

7. 合影

请各组拿着小组画作和集体画作合影留念。

8. 作业

写出这个集体中存在的一个问题并对此提出合理化建议。

团辅二：凝心聚力，共创和谐

一、团辅目的

1. 以"凝心聚力，共创和谐"为主题过好"我们的节日"，弘扬中华民族优秀传统文化，对学生干部进行热爱祖国、孝敬父母、尊长敬先等思想教育。

2. 让学生干部进一步了解传统节日、认同传统节日、喜爱传统节日、过好传统节日，践行传统节日精神内涵，不断激发学生干部的爱国热情。

3. 在团辅活动中锻炼学生干部团结协作的能力，挖掘每个学生干部的闪光点；在活动中融入学科特色，增加活动的趣味性和挑战性。

4. 发挥学生干部旗帜作用，用行动带动身边人，凝聚团队力量。

二、团辅重点

1. 学生干部在组织活动中要注意适度娱乐，做好各种准备工作和应急预案。

2. 加强同学和同学之间、同学和老师之间的交流，培养良好的团队默契和师生情谊。

3. 使学生干部在开展团辅活动的过程中感受到团队协作的乐趣和共同努力奋斗的良好集体氛围感。

4. 充分发挥专业优势，通过摄影摄像、制作海报、建设推广公众号等方式助力本次活动，提升团辅活动质量。

三、团辅难点

前期准备工作较为烦琐，需要特别注意以下 5 点原则：

1. 开展集体户外活动必须严格遵守学校规章制度，做好场地协调及设备借用等事宜，切勿影响校园正常秩序；

2. 设计活动环节时应充分考虑安全性、可靠性和可行性；

3. 提前做好物资购买清单，并对费用使用情况进行公示，做好监督；

4. 提前准备好活动所需设备，结合专业特色，配专人进行摄影摄像，并通过各类新媒体平台进行宣传，营造良好氛围；

5.活动进行中秩序的维持及参与人员安全的保障。

四、团辅过程

1.开场

端午节是中国的四大节日之一，尽管国家大力支持和推广，但同学们对端午节的印象多数还停留在纪念屈原、吃粽子、划龙船等浅薄层面，没有深入认识到端午节的真正内涵，无法真正在传统节日中吸收优秀文化，本次团辅活动的设计目的主要是引导学生深入感受端午节的精神内涵，提升学生对传统节日的重视程度，进一步加强爱国主义教育。

2.宣传

提前在团队内进行活动宣传和节目的收集，同时利用公众号、微信群、QQ群以及发放节目单等方式，营造宣传氛围，吸引更多的师生关注、参与本次活动，提升本次团辅活动的影响力。

3.经过

（1）说说家乡过端午节的习俗。大学生来自五湖四海，端午节的习俗也各有不同，通过分享交流，加深他们对端午节的了解，提升对传统节日的重视程度。

（2）开展"学包粽子"活动。如果现场人员较多则选代表参与，人员较少则全员参与。提前邀请2-4名对包粽子在行的师生进行现场教学，鼓励同学包粽子时，在传统的基础上，从形状、用料等方面予以创新，对既继承传统又充满创意的作品进行奖励。

（3）游戏环节。为增进团队成员间的友谊和凝聚力，加深对端午节的印象，在前两个活动结束后进行较为轻松的游戏环节。本次游戏会将现场参与人员重新分组，男女搭配。具体项目为你比我猜（与端午节相关的名词）、击鼓传花等。获胜组将获得失败者包的"奖励粽"，有趣又安全。

4.合影留念

现场参与活动人员合影留念。

5. 活动后期

活动结束后，打扫现场卫生，制作活动回忆录

6. 活动总结

此次团队活动以学生干部为主体。一是让同学们重视传统节日，感受节日氛围，发扬中华民族传统习俗和优秀文化；二是让学生干部在筹备和进行活动的过程中感受团队合作的力量，释放学习压力，活跃身心，丰富课余生活，同时增强凝聚力，营造良好的交流氛围；三是充分发挥专业特长为活动增光添彩，用专业设备对活动过程进行记录编辑，激发同学们的二次创作，为大学生活留下美好的回忆。

7. 作业

参与人员在活动结束后采取视频制作、图片展示以及撰写心得体会的方式进行记录。组织者收集好这些素材开展后期展示和资料存档。

团辅三：让我记住你

一、团辅目的

1. 使学生干部成员之间相互认识并初步了解。
2. 为培养和谐的学生干部团队氛围做准备。
3. 建立团队规范。

二、团辅重点

1. 教师要在活动中增强同学相互了解的程度以及发现其存在的问题。
2. 让学生干部团队在活动过程中体会人际交往沟通是很重要的。
3. 活跃团体气氛，让成员了解和记住彼此的名字，促进相互了解，为进一步的沟通交流打好基础。

三、团辅难点

1. 氛围能否被带动起来，团队成员是否能够积极参与，能否保证活动的有效性。
2. 如何让团队成员认识到人际沟通交流的重要性和必要性。

四、团辅过程

1. 开场

每个成员分别把自己的姓名及主要的兴趣爱好填写在各自的卡片上，然后小组成员之间任意选择伙伴做 1 分钟的简短交流，以使各成员尽快融入这个团体。

师：今天这次团辅活动，既然是"团辅"，就是让所有的同学都参与，大家一起参与到活动中来，团辅名字叫"让我记住你——团体辅导"。

2. 规则

小组成员围圈就坐，首先选取一个人作为组长，老师与其简短交流后让其宣布游戏规则，从其中任意一个人开始，每人用一句话介绍自己的姓名，格式为：我是 ××。规则是：每一个人在介绍自己的时候必须将之前已经做过自我介绍的人的姓名也要一次全部讲出来。例如，我是坐在 ×× 旁边的 ××。

3. 经过

如果其中有一位成员没有记住其他成员，他将受到来自被他忘记的人的一个惩罚，惩罚由被他忘记的人确定。

4. 交流

师：通过此次滚雪球活动请团队成员谈谈感受？大家思考、讨论 5 分钟。
生：……
师：①在与陌生人的交往中，我们都希望别人能记住自己的名字，同样对方也有相同的期望，所以准确地记住别人的名字也是一种交往技巧，因为这表现了你对对方的真诚和尊重。②记住对方名字的方法有提问、重复、联想等，但最关键的是用心。当然这次有没记住的也没关系，咱们还有很多时间在一起，所以还有机会。

5. 总结

滚雪球游戏主要目的是让学生干部之间互相了解，我们知道，与人沟通的法宝是记住他人的姓名，而该游戏的开展，正好使成员之间彼此在初步认识的基础上又进一步地加深了认识，而小小的惩罚则是拉近了两个人的距离，同时也让受罚的人更好地记住他被谁惩罚过，曾被他遗忘的名字也就一直记住了。

6.合影

参与活动的同学合影留念。

7.作业

写出这个团队中存在的一个问题并对此提合理化建议。

团辅四：很高兴遇见你

一、团辅背景

时光如流，岁月不居。转眼新生入学快两个月了。有的人充满希望的曙光，有的人带着迷惘的浮光，有的人已有所作为，有的人还在混混沌沌……在这大学生活刚开始之际，年轻的我们该思考什么？那么就让人生这个话题走进班级，让我们燃起希望的火炬，顿悟人生的真谛。"大学生"这个词我们并不陌生，但"大学生活"这个词却有着不同寻常的定义。一个大学生怎样可以在学校里出人头地，在毕业之后怎样可以找到自己最理想的工作，一个大学生到底怎样运用自己的时间，怎样发挥自己的专长，未来的人生才会前途一片光明呢？人生目标的真正确立将为我们搭起一座虹桥，让我们在大学里活出大学生的精彩。

二、团辅目的

1.通过团队活动提高学生干部的语言表达能力和人际交往能力。

2.通过活动中的游戏环节感受人生的欢乐和幸福，从而以一颗积极乐观的心来善待周围的每一个人，善待生命的每一天。

3.通过游戏感受成功与失败，理解顺境与逆境对人生的重要意义。

4.通过活动增进学生干部之间的认识与了解，增强大家彼此的信任，增强学生干部团体之间的协作能力，让学生干部认识到团结就是力量。

三、团辅重点

1.让学生干部在活动过程中主动积极参与才是最重要的。

2.指导老师除了是主持人以外，还要作为重要的参与者之一，参与其中，适当提示学生，把握活动节奏，融入团队，实现活动目的。

四、团辅难点

1.学生干部整体参与的积极性不高，老师将如何引导。

2.游戏环节较多，对活动时间、节奏的把控较为严格。

3.学生干部参与活动之后，引起的效果评价难度大。

五、团辅过程

1.发布具体活动内容及规则

（1）听歌曲，猜歌名

规则：所有同学参加，主持人会随机播放歌曲，同学们听到歌曲后开始猜歌名，实行抢答机制，第一位说出正确歌名的同学获胜并获得小奖品一份。

意义：听歌曲，猜歌名锻炼了学生干部的记忆力和反应力。同时猜出歌名的同学，会感到自豪和兴奋，增加了自信，收获了快乐。

（2）你画我猜

规则：每组2名同学参加，一人比划一人猜，限时2分钟。比划着可以用肢体语言和口述语言表达的形式来向猜词者传达信息，但是不得说出词语中带有的字。猜不出可以喊过，其间可以过4个。没参加的同学不能提醒。

意义：你画我猜这个活动，一方面提高了学生干部之间的默契，另一方面加强了学生干部的语言表达能力，使其学会换位思考问题。

（3）地名蹲

规则：邀请6—8位同学参加游戏，每人分别代表一个地名，所有人横排面向观众列队，开始游戏。游戏具体操作规则：由主持人任意从一个玩家开始，扮演××地名的玩家。例如，念"北京蹲，北京蹲，北京蹲完成都蹲"，并做出相应动作。北京玩家动作完成后，成都玩家务必立即跟上并念："成都蹲，成都蹲，成都蹲完宜宾蹲"，同样做出相应动作。宜宾玩家立即跟上，如此往复。

意义：这个游戏考验了学生干部的反应能力和接受能力，在游戏中可能有你意想不到的事情，在意想不到的事情面前你要迅速地反应及处理问题，这也是我们将来在生活中可能会遇到的问题，虽然是小游戏，但是训练了我们的大脑，这样更加有利于将来学习工作的发展要求。

（4）纸牌面粉接力

规则：纸牌面粉接力是一项 PK 性的游戏。首先将各位分成 2 队，每队的队长由第一名同学担任，然后每人发一张扑克牌，其游戏规则是：每个人都不允许说话，用嘴叼着扑克牌，由第一名同学将面粉传递到最后一名同学的扑克牌上，再由最后一名同学将面粉倒进盘子里。哪个队盘子里的面粉最多即为胜利。

意义：提高学生干部组织、协作的能力。对团队组织技巧的运用，资源的合理分配，团辅行动的讨论、计划和安排，不仅对于团辅成败起着重要作用，还可以培养学生干部处理事情的计划性和条理性，而且可以培养学生干部的集体荣誉感和协调、协作的能力。

2. 做好记录

根据上述游戏内容，依次完成，并做好参与成员的所有相关记录（文字、图片等）。

六、团辅总结

通过本次活动让学生干部向更好的方向发展，使学生干部收获了很多经验。活动促进了学生干部关系的发展，为学生干部营造一个团结一致、温馨有爱的班集体，增进了学生干部间的感情。通过互动活动，给更多学生干部提供了交流与展示的平台，在轻松的氛围中拉近了大家的距离，并通过活动增进学生干部的凝聚力，给予学生干部家的感受，给大学生活添上绚丽的一笔回忆。

通过班会活动锻炼了学生干部的记忆力和反应力，加强了学生干部的语言表达能力，使其学会换位思考问题。进一步增进了学生干部之间的默契，并加强了班级凝聚力，这对优秀班集体的建设尤为重要。

团辅五：以团助力，助团队魂

一、团辅目的

协调肢体的灵活度，锻炼反应能力和专注能力，形成双方间的默契度与配合能力，在传递气球的过程中，利用肢体的触觉摆正好气球的位置，加强肢体的灵敏度，锻炼后背的发力技巧，从而完整传递好气球，提高同学们的合作能力。

二、团辅重点

在传递气球的过程中注意气球的位置，老师要提醒学生干部注意把握好气球的位置以免气球滑落导致重新开始；不仅要提高学生干部的专注能力、反应能力以及动手能力，也要增加学生干部间的默契，提高其语言表达能力；在面对气球即将掉落的时候，激发学生干部的临时救场能力，比如，双方怎样配合才能让气球不掉落在地上、如何才能将所需要传递的信息更加通俗易懂地展示出来，等等。

三、团辅难点

1.在进行准备工作时，要提高学生干部间的熟练度，以免因为彼此不熟悉而导致活动进行得不流畅。

2.在处理气球即将掉落的场景时，怎样做才能重新摆正好气球位置，从而继续活动，以及通过本次活动，如何让学生干部感受到肢体灵敏度的一些变化以及如何去增强肢体的灵敏度与反应能力。等等。

四、团辅过程

1.开场

师：大家作为学生干部的一员，一定有一些在参加集体活动时的感受、经历，请大家写好上交。今天这次团辅活动，由于是团队活动，所以每个人都要参与。

2.规则

（1）3人为一队，每轮比赛至少需要两队。

（2）游戏开始，每队两位选手站在起点，另一位选手背对着两位选手站在起点。两名运送气球的选手背靠背，中间夹着一个气球，然后将气球运送至对面主持人处看清楚主持人手中的词语。

（3）主持人给出一个东西的词语，如T恤衫，玩家需要在气球上画出物体，在此过程中不可以弄爆气球，若气球破裂则重新开始，若在此过程中气球掉落也重新开始。玩家以同样的方式将气球运送回来并画出物体让起点的玩家猜，可以有适当的提示。

3. 过程

同学们成组上台，进行气球传递，由裁判记录下完成气球传递所耗费的时间。其间，老师要注意活动中的犯规动作，以求公平公正地保持活动的开展。

4. 交流

在其他组开始的时候，还未开始的组可以和老师沟通，针对正在进行的组提出一些建议和需改进之处。

5. 优秀展示

请各个团队中完成比较好的几组一起进行展示，让大家学习他们的优点，然后结合自己的不足进行一些改进。团辅成员依次进行完成情况的评价阐述。最后要求学生用 5 分钟撰写感受和感悟。

6. 总结

团辅的目的在于以团体参与的方式进行，让学生干部互相认识对方、了解自己，扩大自己的朋友圈，以及学习如何在大学这个大集体里更好地融合进来。

该活动一是提高学生干部成员的作画能力和语言表达能力，使其在传递气球的过程中能够保证传递的流利性以及对一件事物的特征的描述，让猜题的同学能够清楚明白；二是让学生干部成员在此过程中注意细节的处理，不仅要顾好气球也要注意前方以及同伴的速度，等等，通过团结协作最终完成气球的完整传递。

7. 分发礼品

对完成得比较好的组分发一些小礼品，以资鼓励。

8. 合影

请各组合影留念。

团辅六：重走长征路

一、团辅目的

1. 借助对红军长征历史的认识、了解、分析、研究、总结和分享的体验学习，实现"走心、入脑"，加强学生干部间的交流，增强团队的凝聚力。

2. 获取学生干部团队建设与管理等方面的启示和经验，帮助学生干部统一思想，坚定信念，清晰方向，凝聚力量，为班级的蓬勃发展和壮大打下思想和实践基础。

二、团辅重点

1. 培养学生干部的集体精神，体验共同目标、有效沟通、相互信任的重要性。

2. 培养锐意创新、突破自我的意识和能力以及团队创造力。

3. 树立信心，增强凝聚力，形成奋发向上的学习氛围。

4. 培养学生干部的计划、组织、协调能力。

5. 培养学生干部的决策和统筹意识以及合理利用资源的能力。

三、团辅难点

1. 在活动进行准备工作时，提高学生干部间的熟悉程度，以免因为彼此不熟悉而导致团队间的工作开展不顺利。

2. 如何让学生干部通过实践观察从中汲取知识，以更好地理解长征不易，珍惜美好时光，用学习充实自己，武装自己，将红色精神融入自己的理想信念之中，在学习、生活中去奋斗、去实现。

四、团辅过程

1. 开场

师：大家作为班集体的一员，一定有一些在参加集体活动中的感受、经历，请写好上交。今天这次团辅活动，由于是团队活动，所以每个人都要参与，这次"重走长征路"活动的团辅名字叫"集体参与——重走长征路"。

2. 规则

（1）五人为一队，每轮比赛至少需要两队。

（2）游戏开始，双方选手站在起点，运送本轮游戏所需要传送的红色小旗子，将其传送到指定位置，并摇动铃铛，才算安全传送小旗子，在确保安全的情况下，两方队员可以进行适当的干扰。

（3）在传达小旗子后，从不透明箱子中抽取一个关于长征的问题，问答正确，方可进行下一轮游戏；若问答不正确，则需重新抽取一个新的问题或者请求场外援助，等等。

（4）在进行"飞夺泸定桥"的活动时，要确保人离地，若有人触地则淘汰，若两队均有人淘汰，则留下人数最多者获胜。

3. 过程

同学们按照先前分配好的顺序依次成队比赛，由裁判记录活动中是否有违规行为，以求公平公正地保持活动的开展。其间，老师作为场外援助者的身份参与活动，和同学们一起答题。

4. 交流

在其他组开始的时候，还未开始的组可以和老师沟通，对正在进行的组提出一些建议和需改进之处。

5. 优秀展示

请各个团队中完成得比较好的几组一起进行展示，让大家学习他们的优点，结合自己的不足进行一些改进。团辅成员依次进行完成度的阐述。最后要求学生用 5 分钟撰写感受和感悟。

6. 总结

团辅的目的在于以团体参与的方式培养学生干部突破自我的意识及组织与协调的能力，提高团队沟通和解决问题的能力，发挥团队的想象力和创造力，增强团队合作意识。

举行"重走长征路"活动，一是增强学生干部的爱国主义热情和坚定其理想信念，居安思危，不虚度韶华，纪念英雄，珍惜和平生活、美好时光；二是为教育引导学生干部传承党的优良传统，弘扬革命精神，增强爱国主情感。通过红色基地学习教育，感受回顾党的光荣历史，缅怀革命先烈，坚定理想信念，从党的光荣历史和先模人物事迹中汲取政治智慧和道德滋养，让党性教育内化于心、触及思想、触动灵魂。

7. 分发礼品

对完成得比较好的组分发一些小礼品，以资鼓励。

8. 合影

请各组合影留念。

9. 作业

写出这个集体中存在的一个问题并对此提合理化建议，以及自己在本次"重走长征路"活动中的所学所感所得。

第四部分　学生干部信息素养和能力提升

随着现代信息通信技术的不断发展以及互联网技术的迅速崛起，各类工具软件的使用已经渗透到社会的方方面面，网络时代已经到来，这对大学生的影响日益受到社会的广泛关注和高度重视，也给高等教育和大学生带来了机遇和挑战。

大学生应该积极发挥网络给自身带来的积极影响，树立正确的价值观，利用广博的网络资源开阔视野，规范查找和使用知识，熟练掌握常用工具软件，为将来步入社会打下良好的基础。高等教育管理应与时俱进，为应对时代变化积极找寻良策，对大学生进行思想引导、理论和技术指导，以增强学生的自控力，尤其是组织学生干部进行互联网应用培养，增强网络技术资源正确使用保障，避免不当不良网络影响，帮助学生顺利成才。

在现在这种知识爆炸化、零碎化的信息时代，你能够准确判断什么时候需要信息吗？或者如何获取和评价所需要的信息？换句话说，你具备信息素养吗？

信息产业协会主席保罗·泽考斯基 1974 年提出，在信息全球化的背景下，信息素养是人们需要具备的基本能力之一。信息素养主要由文化素养、信息意识和信息技能三个层面组成。

懂得如何判断和获取自己所需要的信息，并评价和利用这些信息是衡量一个人信息素养的标准。围绕如何提高信息素养，世界各国的研究机构纷纷展开了广泛的探索和深入的研究，对信息素养概念的内涵、界定和评价标准等提出了一系列新见解。

信息素养（information literacy）更确切的名称应该是信息文化。作为信息社会的一种基本能力，美国教育技术 CEO 论坛在 2001 年第四季报告中提出，一个人的能力素质除了包括基本的学习能力外，还应该包括信息素养、实践能力、合作精神、人际交往能力以及创新思维等能力。信息素养作为能力素质的基本方面之一，对促进人的自身发展有着不可忽视的作用。

作为一项综合能力，信息素养的覆盖面比较宽，它在人文、经济、技术和许多科学方面都有着十分密切的联系。信息技术支持信息素养，掌握信息技术在于强调对技术的认识、理解和使用能力，而信息素养在于强调对于内容、传播和分析的能力，这同时也包括信息的检索和评价，所涉及的方面更加宽泛。信息素养不仅要求熟练使用信息技术，也要求了解、搜集评估和充分利用已有的知识结构，通过调查方法、鉴别和推理来完成。换句话说，信息素养应包含以下五个方面的内容：

（1）热爱生活，主动想获取新信息，自发地从生活实践中不断地探查新信息、研究新信息；

（2）具有一定的科学文化常识，对获取的信息能够较为自如地进行分析以及正确地加以评估；

（3）对于信息的分配目标较为明确，以及具备选择信息、拒绝信息的能力；

（4）能够充分有效地利用已获得的信息，清楚表达个人的想法和观念，愿意和他人分享不同的见解或资讯；

（5）无论身处何种情境，都能保持一定的自信，熟练运用各类信息解决问题，有较强的进取精神和创新意识。

在信息化社会中，物质世界正在渐渐地隐退到信息世界的背后，人类的基本生存环境已经由信息占据，并且潜移默化地影响着无数人的日常生活方式，成为人们日常生活中不可缺少的部分，不同人群体身上体现的信息素养不一样，但总的来说，它主要由以下四大特征构成：（1）捕捉信息的敏锐性；（2）筛选信息的果断性；（3）评估信息的准确性；（4）交流信息的自如性和应用信息的独创性。

一个关于信息文化的常识是，信息系统是由硬件、软件与人三个要素组成的一个整体，三者之间只有相互协调、相互沟通，才能充分发挥信息系统的效能，达到预期给定的目标。

由此可见，在信息化时代，信息素养对于一个人的发展和成长有着十分重要的影响，一个具有信息素养、信息意识的人，无论遇到什么事，都能够首先想到先了解相关信息，用信息来解决，能够把遇到的问题转化为具体的信息需求，能够选择合适的系统和工具，利用一定的方法和技巧找到并获取所需要的信息，能够对找到的信息进行评价和管理，能够综合利用找到的信息，解决自己遇到的问题。因此，培养、提高自己的信息素养迫在眉睫。

第一章　QQ 应用

QQ 是 1999 年 2 月由腾讯自主研发的基于互联网的即时通信网络工具——腾讯即时通信。

第一节　QQ 的概述

一、QQ 概述

QQ 的标志是一只戴着红色围巾的小企鹅。它支持在线聊天、视频通话、共享文件、点对点断点续传文件、网络硬盘、自定义面板、QQ 邮箱，还具有语音通话、传送离线文件、网络收藏夹、发送贺卡、储存文件等多种功能。

QQ 是一种方便、实用、超高效的即时通信工具，其状态有离线、忙碌、请勿打扰、离开、隐身、在线、Q 我吧等，还可以个性编辑 QQ 状态。

二、QQ 分类

QQ 号码分为单用户号码和群号码两类，如表 4-1 所示。

表 4-1　QQ 分类

类别	功能	应用范围
QQ 号	通常，一个用户可以免费申请多个 QQ 账号，手机号码和邮箱均可注册。付费申请是直接购买 QQ 靓号。QQ 号码可开通如会员、红钻、黄钻等享受不同类型服务。发送消息页面有：字体选择工具栏、选择表情、会员各种表情、多功能辅助输入、发送图片、点歌、截屏、搜索、消息记录	社交
QQ 群	QQ 群是由腾讯公司推出的可与多人聊天交流的一个公众平台，群主在创建群以后，可以邀请朋友、班级同学或者有共同兴趣爱好的人到群里面聊天。群内还提供了群空间服务，用户可以使用共享文件、群视频等方式进行交流	班级群、社团群、组织群
	QQ 群页面中可以看到：群社区、群共享、群相册、群直播、休闲小游戏、创建讨论组、发起多人语音对话、搜索、举报、群设置、查看群资料、更多群信息、修改我的群名片、群消息设置、视图设置、退出该群、群动态、群成员等项目	疫情期间的 QQ 视频上课、会议
	QQ 群按等级特权可分为普通群和 1000 人群、2000 人群。普通群（500 人群）：成员上限 500 人，2G 永久群共享，5G 群相册可以随心所欲设置群图标 1000 人群、2000 人群：成员上限 1000 人、2000 人，2G 永久群共享，5G 群相册红色尊贵标识，VIP 红名	人数范围区分

三、QQ 等级

任意等级的 QQ 号码都可以创建 300 个 200 人群，不同的 QQ 等级可创建的普通群数量也不同，具体说明如下。

LV0–LV3（创建群数量，300 个 200 人群）；

LV4–LV15（创建群数量，300 个 200 人群 +1 个 500 人群）；

LV16–LV31（创建群数量，300 个 200 人群 +2 个 500 人群）；

LV32–LV47（创建群数量，300 个 200 人群 +3 个 500 人群）；

LV48 及以上（创建群数量，300 个 200 人群 +4 个 500 人群）。

第二节　QQ 在学生工作中的应用

QQ 群在学生工作中的使用频率是非常高的，特别是信息通知和文件传送等方面。

一、QQ群管理

掌握和管理本部门 QQ 群，定期摸排，如每学年汇总整理一次，参照表4-2 和表4-3 的表格统计。

表4-2　**（部门）QQ群登记汇总表

								填报日期：　　年　　月　　日
填写单位：（盖章） 填表人：					填报日期：　　年　　月　　日 填表人电话：			
序号	QQ群名称（昵称）	QQ群账号	群申请时间	主办（管理）	群主（实名）	群性质	群成员数	群成员是否实名，有无异常
1	2018 级 3 班	8081234**	2018年9月	万**（班主任）13550732***	向**,15982519***	班级群	82	是，无异常
2	……	……	……	……	……	……	……	是，整顿一次
3	2019-2020团学干部群	8325215**	……	王**（团总支书记）18284890***	张**,19981517***	团学干部群	15	是，无异常
4	……	……	……	……	……	……	……	……

注：1. 各部门请安排专人填写；

2. 填表人即是该部门的 QQ 群日常管理人员、信息维护人员；

3. 填好后于 * 年 * 月 * 日前发至邮箱 ***@163.com。

表4-3　**（部门）拟解散QQ群、微信群汇总表

						填报日期：　　年　　月　　日
填写单位：（盖章） 填表人：				填报日期：　　年　　月　　日 填表人电话：		
QQ群、微信群名称（昵称）	群账号	群申请时间	主办（管理）单位	群主（实名）	群成员数	拟解散时间

二、QQ 群常见操作方法

（一）群点名（只能在手机端操作）

步骤一：打开手机 QQ，打开群聊设置，点击"更多"，如图 4-1 所示。

图 4-1

步骤二：选择"群内热门—群接龙"，点击打开，如图 4-2 所示。

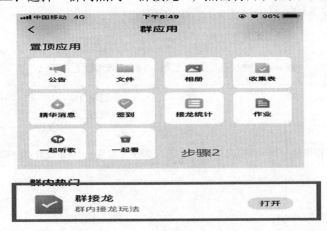

图 4-2

步骤三：在创建群接龙中可以编辑群接龙的内容，设置截止时间，然后点击"发布"，如图 4-3 所示。

图 4-3

步骤四：发布之后返回聊天界面可以看到群接龙的内容以及接龙情况，如图 4-4 所示。

图 4-4

步骤五：在聊天页面中点击"群接龙"，进入可以看到签到的具体情况，如图 4-5 所示。

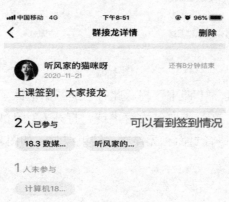

图 4-5

（二）群课堂

步骤一：在电脑 QQ 界面中，打开群界面，右上角点击"课"—"群课堂"。如图 4-6 所示。

图 4-6

步骤二：打开页面后，点击"开始上课"就可以开始群课堂，可选择点击"录制课程"，则本节课结束后学生可以回放本节课程内容。如图 4-7 所示。

图 4-7

步骤三：点击"开始上课"之后学生端的 QQ 上会出现群课堂的邀请标志，如图 4-8 所示，点"立即加入"就可以参与课堂了。

图 4-8

步骤四：左上角"上课中"提示此时已经开始上课了，屏幕下方图标按钮从左到右依次是：音量控制、发言申请、打开 / 关闭摄像头、分享、打开 / 关闭麦克风、设置语音封面、无伴奏、结束课堂，如图 4-9 所示。

图 4-9

步骤五：点击"分享"图标，出现"播放影片、分享屏幕、演示 PPT"三项选择，如图 4-10（a）所示。选择"演示 PPT"，找到需要分享的 PPT 文档，则界面如图 4-10（b）所示。

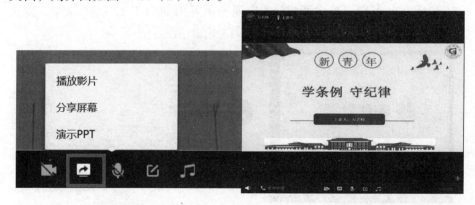

图 4-10（a）　　　　　　　　　　　　　　图 4-10（b）

步骤六：群课堂可以实现教师与学生的交流互动，如有同学提出申请发言，可点击"发言申请"图标进行连线，教师端如图 4-11 所示。

图 4-11

步骤七：点击"同意发言申请"之后，可以听到同学的发言，如果同学打开了摄像头，可以看到画面，如图4-12所示。

图 4-12

步骤八：点击"结束课堂"，出现提示界面如图4-13（a）所示，点击"确定"后看到课堂的反馈信息如图4-13（b）所示。

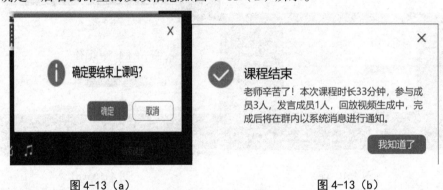

图 4-13（a）   图 4-13（b）

（三）屏幕分享

步骤一：打开QQ群聊，点击右上角电话标志下拉框，选择"分享屏幕"，就可以开启屏幕分享，如图4-14所示。

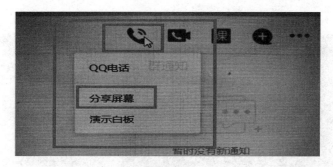

图 4-14

步骤二：点击"屏幕分享"后，可以选择分享屏幕的方式，如图 4-15 所示。

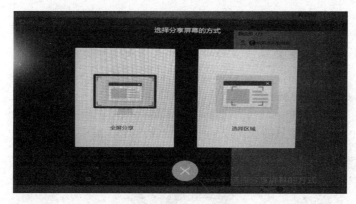

图 4-15

步骤三：选择分享方式之后，就开启了屏幕分享。屏幕分享界面如图 4-16 所示。

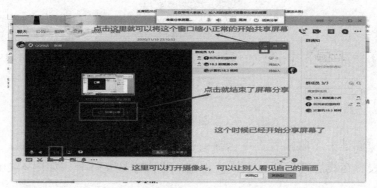

图 4-16

步骤四：点击"结束通话"就可以关闭此次屏幕分享，如图 4-17 所示。

图 4-17

（四）在线收集文档——以调查问卷为例

1. 问卷调查的创建

提醒：一个问卷只能填写 25 道题。

（1）通过"腾讯文档"快捷图标打开：如图 4-18 所示。

图 4-18

（2）登录QQ方式：在QQ界面下方图标中找到并单击，如图 4-19 所示。

图 4-19

（3）新建一个收集表，可选择：在线文档、在线表格、在线幻灯片、在线收集表、在线思维导图、在线流程图、导入本地文件等，如图 4-20 所示。

图 4-20

（4）选择一个模板更改或自行创建一个新表，选择"在线收集表"，如图 4-21 所示。

图 4-21

（5）点击"防疫专题"，点击"学生每日健康情况报备"例表更改为"学生返校情况统计表"：如图 4-22（a）所示，样表中可以根据提示信息如图 4-22（b）所示，进行问题描述、添加题项、删除题项等多种操作。

图 4-22（a）

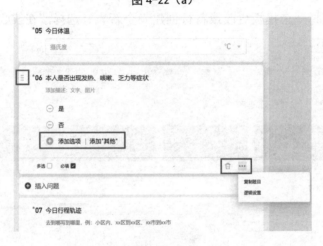

图 4-22（b）

2. 问卷调查的发送

（1）创建完成后，点击"分享"，如图 4-23 所示。

图 4-23

（2）分享界面如下，点击"复制链接"，发到对应的群里或对应的人进行填写，如图 4-24 所示。

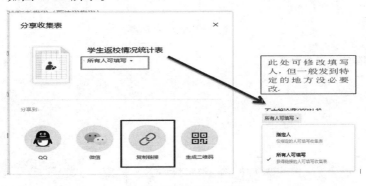

图 4-24

3. 问卷调查的收集

（1）分享后点进表里，就可以看见收集人数，如图 4-25 所示。

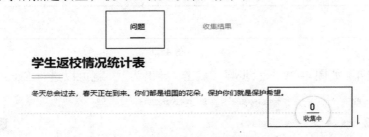

图 4-25

（2）点击"收集结果"，就可以看见填写名单，如图 4-26 所示。

图 4-26

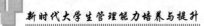
（3）点击"统计"，就会跳转到填写名单的 Excel 表形式，如图 4-27、图 4-28 所示。

图 4-27

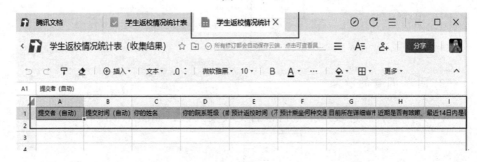

图 4-28

（4）如图 4-29 所示步骤，点击"导出为"，就可以进行 Excel 表的导出。

图 4-29

4.问卷调查结果的统计

（1）点进导出的 Excel 表内，选中一列，如图 4-30 所示。

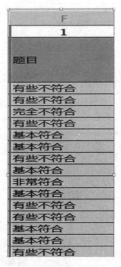

图 4-30

（2）点击"筛选"，如图 4-31 所示。

图 4-31

（3）出现一个倒三角图标，点击之后便可以看见需要统计的结果，记录下来便可，如图 4-32、图 4-33、图 4-34 所示。

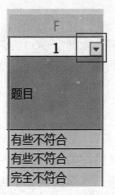

图 4-33

图 4-32

统计结果	非常符合	3
	基本符合	25
	有些不符合	24
	完全不符合	1

图 4-34

（4）鼠标移动到需要的数据处，但不点击，除数据外还可看见占比数，如图 4-35 所示。

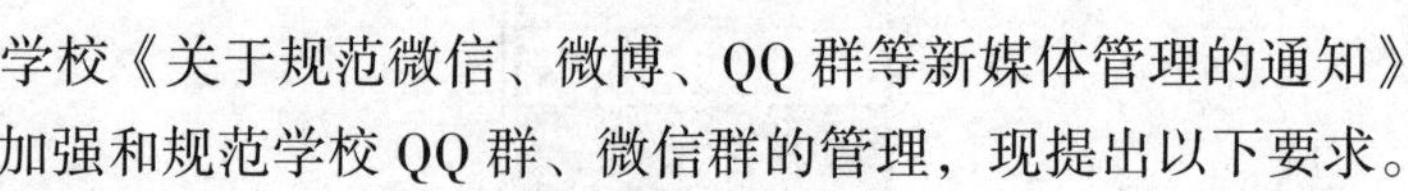

图 4-35

（五）QQ 管理规定

根据学校《关于规范微信、微博、QQ 群等新媒体管理的通知》的要求，为进一步加强和规范学校 QQ 群、微信群的管理，现提出以下要求。

1. 开展校内 QQ 群登记工作

（1）QQ 群登记范围
①账号中含有学校名称或简称的 QQ 群；
②账号中含有学校部门或二级学院名称的 QQ 群；
③校内各部门注册或运营管理的 QQ 群；

④校内学生组织、班级注册或运营管理的 QQ 群；

⑤不属于上述范围，但由校内人员注册、管理的各类 QQ 群。

（2）QQ 群、微信群登记要求

①填写《** 学校 QQ 群登记汇总表》（见表 4-1），填写和加盖单位公章后于 * 年 * 月 * 日前交至学生工作办公室，电子稿发送至 ***@163.com。

②学生组织盖团委公章或学生支部章。

2. QQ 群维护管理及信息发布要求

（1）按照"谁主管谁负责"的原则，所有校内 QQ 群实行群主（管理员）负责制，群成员实名准入和请出制，单位负责审核、监督和管理。对于因工作结束，不再需要的 QQ 群，群主要主动解散。

（2）校内所有 QQ 群成员必须为本校人员，且必须实名，对不是实名的群成员，群主（管理员）要及时提醒，对于不改实名的群成员，要及时予以清理，对已离开学校的人员要及时移出群。群主（管理员）要定期对群内人员予以认定，对不符合规定的群成员要及时进行清理、删除，严禁与工作无关人员进群。

（3）校内所有 QQ 群发布和转载有关信息必须严格遵守国家有关法律、法规规定，不得发布违反法律、法规及各类规范性文件有关规定的信息。所发布和讨论的信息原则上按内部资料管理，公开发布和讨论的信息仅限日常工作。严禁在群内制作、复制、发布、传播违反有关法律法规的信息、涉密信息和敏感信息。

（4）未经学校授权，校内所有 QQ 群不得擅自发布涉及学校重大事件、突发事件和社会热点及敏感问题的相关内容。

（5）群主（管理员）每天都要查看群内动态，对于发现的问题要做好登记，及时上报，并协助解决。

（6）对于违反规定发布信息或因 QQ 群管理混乱而造成负面影响的，情节较轻的给予通报批评，情节严重的按照有关规定追究其责任。

第二章　微信

微信是深圳腾讯控股有限公司于2010年10月份由腾讯广州研发中心团队竭力打造的，马化腾在产品策划的邮件中明确了此款产品叫作"微信"，微信便就这样应运而生。

微信于2011年1月发布了面向iPhone客户端的测试版1.0。测试版可支持用户通过QQ号一键导入联系人资料，但也仅仅只有更换头像、即时通信、分享照片等功能。

随后逐渐出现的三个测试版1.1、1.2和1.3，增加了对通讯录的读取。2020年3月，微信iOS 7.0.12版本正式面向客户端上线，新版本提供了可以在深色模式下使用微信的功能。2020年6月，微信"拍一拍"功能正式上线。2020年9月9日，微信面向用户推出"指尖搜索"功能。2020年3月，微信的账户数达到11.65亿，用户覆盖了200多个国家并且超过了20多种语言。

随着社会的不断发展，用户的需求也越来越多。微信也逐渐向大众开发了朋友圈、公众号等推送功能，用户可以点击微信右上角"＋"号使用微信"添加好友"或者扫对方二维码名片等添加对方为好友。成为好友后，不仅可以通过微信将内容分享给好友，而且还能将精彩内容分享到朋友圈，供好友分享查看。

第一节　微信公众号常用功能

一、微信类型

（一）订阅号

订阅号主要类似报纸、杂志，更偏向于为用户传递热点资讯信息，未完成认证前及完成认证后每24小时都只能够群发1条消息（适用范围：个人和组织）。

（二）服务号

服务号类似114，主要向用户提供个人信息查询服务，服务号1个月（按自然月）内可发4条群发消息。

（三）企业微信

企业微信是个面向企业级市场的产品，是一个好用的基础办公沟通工具，拥有最基础和最实用的功能服务，专门提供给企业使用的IM产品（适用范围：政府、企业、事业单位等）。

（四）小程序

为顺应时代需求，开发者可以快速地开发一个为大众所需要的小程序。小程序能通过微信用户被便捷地获取并进行广泛传播，也因其出色的使用体验感深受广大用户喜爱。

（五）特点

订阅号：仅用于发送简单的消息，达到宣传效果。
服务号：仅用公众号来获取更多的功能，如开通微信钱包支付。
企业微信：用于企业内部员工及团队管理使用。

二、微信小程序介绍

微信小程序是用户能便捷地获取小程序提供的任何服务，无须安装或下载，具有丰富的功能及出色的用户体验感。

（一）注册

在微信平台搜索小程序，再进行基本信息完善，即可完成小程序注册。

（二）完善基本信息

主要包括确定名称、头像设定、简要介绍及服务、经营范围等。

（三）开发小程序

首先需要完成开发者绑定，其次完成信息配置，之后可下载开发者工具、参考开发文档进行小程序的开发和调试。

（四）审核和发布

完成小程序开发后，将生成的代码提交至微信后台管理团队由专人进行审核，确定未出现损害国家及人民利益的言论后才可向公众发布。注意：小程序在公测期间不能发布。

三、服务号、订阅号的功能区别

常见服务号和订阅号的功能区别如表4-4所示。

表4-4 服务号、订阅号的功能区别

功能权限	一般订阅号	认证后的订阅号	一般服务号	认证后的服务号
对话列表中会直接显示对话消息			✓	✓
用户收到的消息会自动收藏在"订阅号"文件夹中	✓	✓		
每24小时只能够群发1条消息	✓	✓		
每个月可群发4条消息			✓	✓
无限制群发				
保密消息禁止转发				
关注时需要验证个人身份信息				
基本的消息接收/运营接口	✓	✓	✓	✓
首页界面底部，自定义菜单	✓	✓	✓	✓
定制应用				
高级接口能力		仅部分支持		✓
微信支付		仅支持部分商户功能		✓

第二节 微信公众号在学生工作中的应用

一、前期准备工作：申请的公众号名字、受众定位、徽标、功能模块

公众号取名字时要清晰、好记、容易理解并与功能模块或者内容有联系。

直接取名：将用途或受众定位展现出来，通过公众号名字直接了解平台相关信息，如北京大学心理中心、山东师范大学学生工作部、中国大学生网。

趣味取名：通过网络词汇、高频词汇、缩减词汇等把公众号抽象化、拟人化、形象化表达，如：青小小、WE点滴、宜志愿。

功能：绘制功能模块图，讨论确定最终框架结构。

功能介绍：根据目标受众和公众号风格，用简短语句介绍公众号的目的、定位、特点、作用等。

二、具体操作流程

第一步，百度搜索"微信公众号平台"，根据需要选择服务号、订阅号、小程序，如图4-36、图4-37所示。该页面可以查阅账号分类的详细解释，在右上角选择"立即注册"，出现图4-37，根据前面的对比介绍，学生工作常使用或选择订阅号，后续以订阅号为例。如图4-38、图4-39、图4-40、图4-41所示。

图4-36   图4-37

第二步，注册：按照提示内容，输入相关信息。

图4-38   图4-39

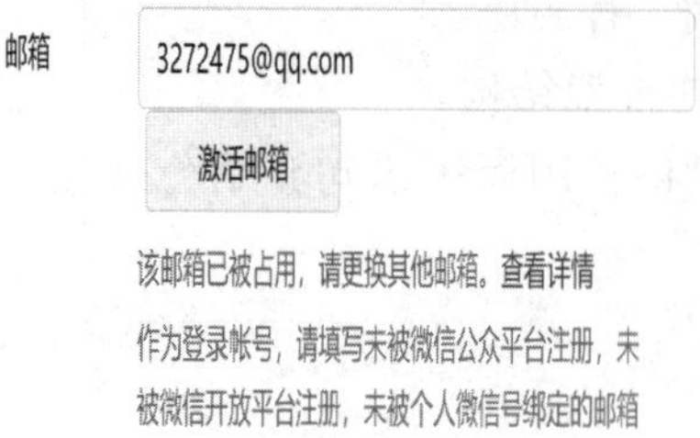

邮箱 3272475@qq.com

激活邮箱

该邮箱已被占用，请更换其他邮箱，查看详情

作为登录帐号，请填写未被微信公众平台注册，未
被微信开放平台注册，未被个人微信号绑定的邮箱

图 4-40

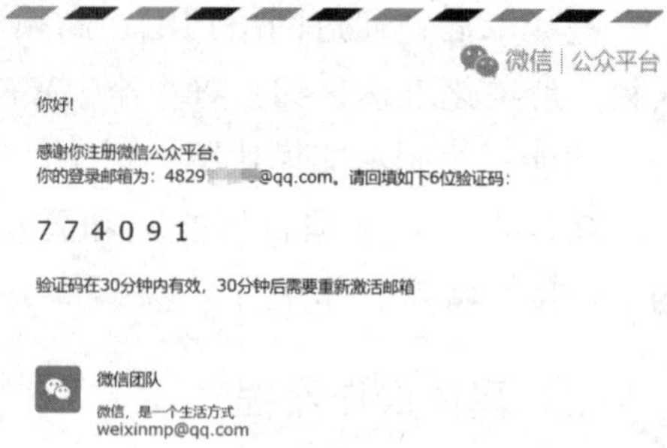

你好！

感谢你注册微信公众平台，
你的登录邮箱为：4829████@qq.com。请回填如下6位验证码：

7 7 4 0 9 1

验证码在30分钟内有效，30分钟后需要重新激活邮箱

微信团队
微信，是一个生活方式
weixinmp@qq.com

图 4-41

第三步，激活邮箱，进入"选择类型"，如图 4-42、图 4-43 所示。

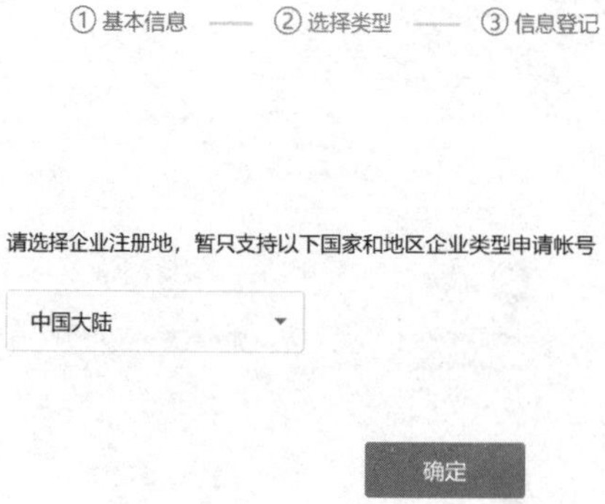

① 基本信息 —— ② 选择类型 —— ③ 信息登记

请选择企业注册地，暂只支持以下国家和地区企业类型申请帐号

中国大陆

确定

图 4-42

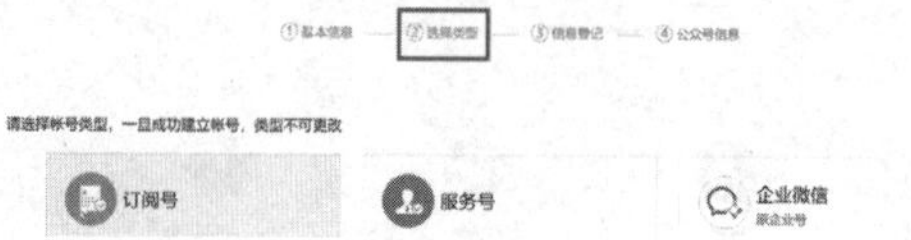

① 基本信息 ── 选择类型 ── ③ 信息登记 ── ④ 公众号信息

请选择帐号类型，一旦成功建立帐号，类型不可更改

订阅号   服务号   企业微信

图 4-43

第四步，特别注意提示信息，进入"信息登记"，如图 4-44、图 4-45
所示。

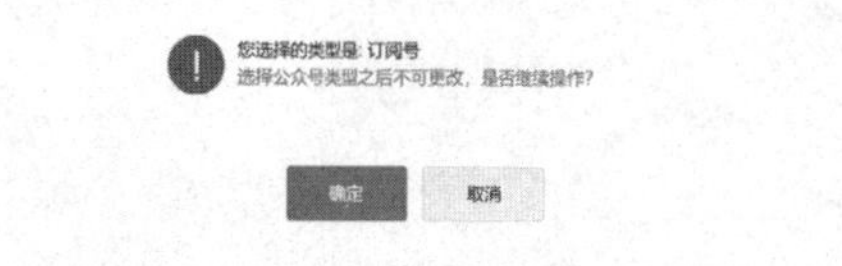

温馨提示   ×

！您选择的类型是：订阅号
选择公众号类型之后不可更改，是否继续操作？

确定   取消

图 4-44

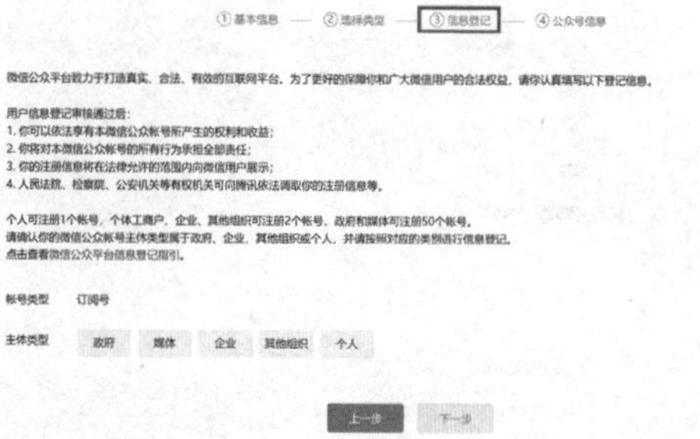

① 基本信息 ── ② 选择类型 ── ③ 信息登记 ── ④ 公众号信息

个人可注册1个帐号，个体工商户、企业、其他组织可注册2个帐号、政府和媒体可注册50个帐号，

帐号类型   订阅号

主体类型   政府   媒体   企业   其他组织   个人

上一步   下一步

图 4-45

第五步，选择“个人”，将出现以下“界面”，需要完善信息，如图 4-46 所示。

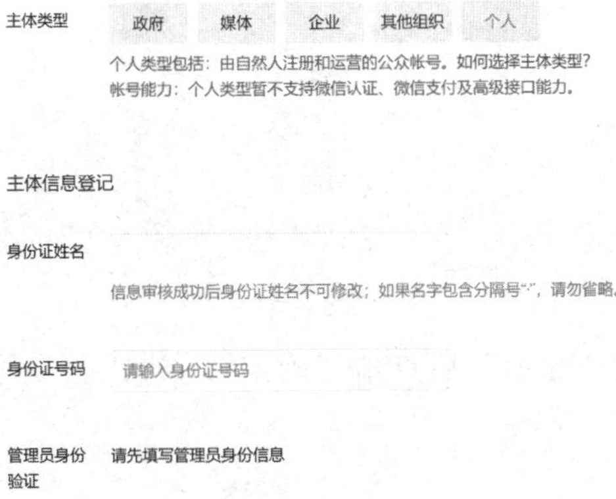

主体类型
政府
媒体
企业
其他组织
个人
个人类型包括：由自然人注册和运营的公众帐号。如何选择主体类型？
帐号能力：个人类型暂不支持微信认证、微信支付及高级接口能力。
主体信息登记
身份证姓名
信息审核成功后身份证姓名不可修改；如果名字包含分隔号“·”，请勿省略。
身份证号码
请输入身份证号码
管理员身份验证
请先填写管理员身份信息

图 4-46

第六步，继续完善信息，点击继续，进行管理员身份验证、确认；如图 4-47、图 4-48、图 4-49、图 4-50、图 4-51 所示。

管理员信息登记
管理员手机
获取验证码
一个手机号码只能注册5个公众帐号。
短信验证码
请输入手机短信收到的6位验证码
无法接收验证码？
创作者信息（选填）
创作平台
请选择

图 4-47

图 4-48

图 4-49

公众号管理员身份确认
公众号管理员身份确认
姓名
注册邮箱
身份证号

图 4-50

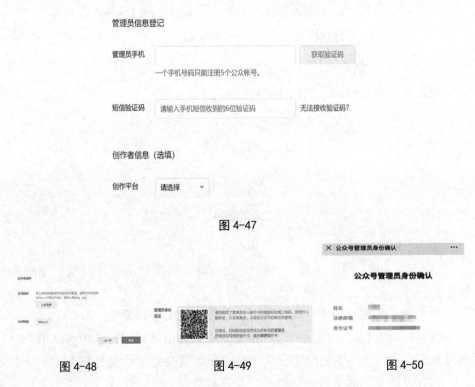

图 4-51

第七步，出现"提示"后点击"确定"，进入公众号信息，如图 4-52、图 4-53 所示。

图 4-52　　　　　　　　　　　　图 4-53

第八步，申请成功，如图 4-54 所示。

图 4-56

第九步，进入编辑界面，进行文档编辑、预览、保存并群发、删除等操作。

图文消息：进行图文并茂的编辑，可以插入文字和图片。

预览：对编辑完成的文档进行预览，查看显示效果；预览功能仅用于公众号查看文章效果，不适用于公众传播，预览链接会在短期内失效。

保存并群发：对文档进行保存，并进行群发。

第十步，已经有账号后，手机微信扫一扫即可登录。如果出现密码忘记的情况，则需进行验证修改密码，如图4-55、图4-56所示。

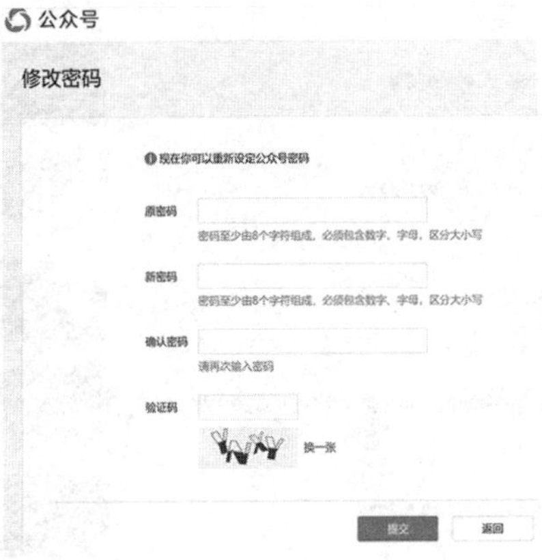

图 4-55

图 4-56

（四）微信公众号在学生工作中的应用实例

申请类型：微信订阅号，如图4-57所示。

申请目的：图文并茂宣传学生工作相关的动态。

名字来由：WE：我们，点滴：点滴的记录。

组建框架：学院风采（WE学院，学生风采，教师风采，人物专访）；活动赛事（活动赛事，学院新闻，规章制度）；师生栏目（你说我说，师说心语），如图4-58所示。

管理人员团队：教师团队（审核、指导、监管），学生团队（技术，撰写，发布，更新，关注）。

建设成长：入职培训、每周培训、交流讨论、成长分享、梯队建设。

图 4-57   图 4-58

第三章　微博

一、微博的出现

微博是当下年轻人用于分享实时、简短信息的类似广播式的社交媒体和网络平台，其基于用户信息分享、传播以及关注机制允许用户通过 Web、Mail、App、SMS 及手机等多种移动终端接入，以文字、图片、小视频等多种多媒体形式，实现信息的即时分享、传播交流。

2009 年 8 月新浪面向广大用户推出了"新浪微博"内测版，成为门户网站中首家提供微博服务的网站。

二、申请校园官方帐号认证

1. 认证范围：非营利性质学校官方、团委、院系等学校机构以及学生会、社团等学生组织均可申请校园认证。但有盈利性质的国际学校、班级、学院校友会、XXX 中心、俱乐部、团队、外包保卫处及外包后勤处不在认证范围内容。

2. 昵称标准：校园应该使用权威机构授权的单位全称或无歧义简称，不可有个人属性，不带有色情信息，应与认证说明有一定联系，不可过于广泛。

3. 认证说明：格式为认证主体 + 官方微博。

4. 所需资料：加盖公章的《校园认证公函》，如图 4-59、图 4-60 所示。

5. 认证流程：在微博认证通道填写认证资料，填写并提交微博认证纸质公函，等待认证结果、认证成功。

| 图 4-59 | 图 4-60 |

三、微博在学生工作中的应用实例

如图 4-61、图 4-62 所示为微博在学生工作中的应用实例。

图 4-61

图 4-62

2014 年，某学院新闻网络中心申请微博账号发布与该学院相关的学生新闻信息，但于 2019 年微博账号异常。

1. 提出问题：微博账号会在每学年进行一次更换手机绑定，在此次更换

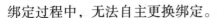

绑定过程中，无法自主更换绑定。

（2）部门讨论：由时任团总支副书记和新闻网络中心干部共同讨论问题缘由并提出解决方案。

问题缘由：由于微博绑定的原手机号已注销，无法获取原手机号验证码自主更换绑定。

解决方案：申请学部讨论，协商解决问题。

（3）学部讨论：由学部领导、学工办老师、主要学生干部新闻网络中心干部组成开展微博账号异常申述问题处理组。

（4）最终解决：与微博方客服取得电话联系寻求解决方案。向微博方提出书面公函申请手动更换绑定。微博方审核，更换绑定成功。会议记录留档，新闻网络中心微博账号异常申述记录汇总留档。面向新闻网络中心内部开展微博账号安全管理会议。

四、微博、微信的管理规定

某校微博、微信网络平台管理规章制度如下。

第一章　总则

第一条：为进一步加强学生工作中与教师和学生之间、学生和学生之间的沟通交流，增进师生对学生工作的了解和认同。结合学生工作的实际情况，特制定自 2017 年 6 月 1 日起施行由中华人民共和国第十二届全国人民代表大会常务委员会第二十四次会议于 2016 年 11 月 7 日表决通过的《中华人民共和国网络安全法》的规定。

第二条：学生工作严格按照《中华人民共和国网络安全法》的相关要求，从营造和维护绿色网络大局出发，充分认识到微博、微信（公众号平台）信息管理的重要性和紧迫性，对微博、微信（公众号平台）进行有效的管理。

第三条：本制度适用于学生工作中各组织和师生。

第二章　管理及职责

第四条：新闻网络中心负责运营官方认证的微博、微信公众平台日常信息的发布和维护，要对官方认证微博、微信公众平台的开设及使用情况进行统一监督和管理。

第五条：学生工作办公室对微博、微信（公众平台）进行统一管理：

（一）官方认证微博、微信（公众平台）；（二）学生工作中师生开设的学生工作相关的认证微博。

第六条：未经学生工作办公室批准：（一）任何师生不得开设与学生认证相关的微博、微信公众平台；（二）严禁使用学校（学部）名称、简称等作为微博、微信公众平台昵称。

第七条：学生工作办公室严格对官方认证的微博、微信公众平台信息：（一）实行严格统一监督和管理；（二）严格按照相关监管部门要求及时将与工作内容相关的微博、微信公众平台及管理人员信息上报监管部门进行备案；（三）如有变更，应在信息变更5个工作日内报备。

第八条：新闻网络中心对纳入统一管理的官方认证微博、微信公众平台建立档案，档案内容包含：微博或微信公众平台网址、微博或微信公众平台昵称、认证信息、主要用途、管理人员姓名及联系方式等。

第三章　微博、微信公众平台注册、信息发布与安全监督

第九条：注册学生工作官方微博、微信公众平台时，应严格按照有关部门要求，文明官方微博、微信公众平台昵称。

第十条：新闻网络中心负责对未经学生工作办公室批准、擅自使用学校（院系）作为注册昵称的微博、微信公众平台进行及时清理；对毕业、离校师生，由学生工作办公室督促其取消与学校（院系）相关的微博、微信公众平台认证信息。

第十一条：由学生工作办公室统一管理的微博、微信公众平台应加强信息安全意识管理，严格控制微博、微信公众平台的帐号密码知悉范围一般为2到3人，严禁多个微博、微信公众平台使用相同密码；一旦出现负责微博、微信公众平台管理人员流动时，应及时修改密码。

第十二条：微博、微信公众平台信息发布实行分类管理制度，（一）对于常规性的学生活动可以由管理教师审核后自行于微博、微信公众平台进行发布并回复；（二）对于涉及学校（院系）整体的重大变化、知识产权、技术突破等重要而未公开的信息应统一由学校（院系）分管领导审核后才能发布及进行回复。

第十三条：学生工作办公室负责对统一管理的所有微博、微信公众平台信息内容进行管理监督，微博、微信公众平台发布的内容应严格遵守国家有关法律法规及规章制度执行，避免出现个人情绪化的观点或看法，以免带来有损学校的不良言论。

第十四条：微博、微信公众平台和工作人员进行微博认证时不得擅自发布相关信息。严禁发布未经核实的谣言或传言，不得发布任何有可能影响学生工作及师生稳定的信息。严禁为非法讲座、非法行为提供传播途径。

第十五条：学生工作办公室督促微博、微信公众平台的使用团队应积极利用微博、微信公众平台对学生工作进行正面形象宣传，拓展教育渠道，发挥舆论引导的作用。微博、微信公众平台内容应及时更新，不断提升微博、微信公众号内容信息质量，增强微博、微信公众平台覆盖面。

第四章　责任追究

第十六条：对违反本制度给学校（院系）学生工作造成严重损害或带来不良影响的，将按相关规章制度对追究责任；造成重大损失或不良影响，保留法律诉讼权利并对相关责任人进行校级校规处理，构成犯罪的将有权移交司法机关处理。

第五章　附则

第十八条：本制度未尽事宜或与法律、行政法规、有关规范性文件发生冲突时，以法律、行政法规、其他有关规范性文件的规定为准。

第十九条：本制度由学生工作办公室负责解释、修订。

第二十条：本制度自学校（院系）办公会审议通过之日起实施。

第四章　抖音

一、抖音出现

抖音于 2016 年 9 月 20 日正式上线，其主要是面向全年龄阶段进行音乐短视频创意的一款社交软件。用户可以通过这款软件拍摄音乐短视频，抖音也会根据用户的爱好来推送更新用户喜欢的视频。在抖音上可以分享你的生活，分享你了解到的奇闻趣事，同时也可以结交来自五湖四海的朋友，因此抖音成为一款深受大众喜爱的社交 App。

抖音上，用户可以根据自己的需求选择歌曲，再配以拍摄的短视频，制作或形成自己的作品，其实质上是一个专注年轻人的音乐短视频社区，与小咖秀相比，抖音用户不是简单地对口型，而是通过视频拍摄、进行视频剪辑、再加入特效（比如快闪、转场、慢镜头）等让视频更具创造性。

抖音平台面向的大部分都是年轻用户，配乐主要以流行音乐、网红歌曲、舞曲为主，视频根据节奏感不同，也因此被分为舞蹈派和创意派。也有少数放着抒情音乐展示咖啡拉花技巧的用户，成为抖音圈的一股清流。

二、抖音在学生工作中的应用实例

为进一步加强爱国爱校教育，增强学生爱校荣校意识，丰富学生校园文化，为当代学生提供一个展示自我风采、诠释自我激情的闪亮舞台，多面展示学生的良好形象和素质，宣传学校的教育教学，推动招生宣传工作，开展选聘学生"礼仪风采形象大使"工作，以促进学生全面成长为目标，大力推进校园文化建设，弘扬学校精神。学校抖音宣传活动方案如下。

一、活动主题：全面展现学子青春风采，争做学校宣传形象大使。

二、主办单位：学生处、校团委、招生办。

三、参赛对象：学校全体学生。

四、活动时间：20XX 年 X 月 XX 日—20XX 年 X 月 XX 日。

五、拍摄内容：以学习活动、创业活动、快闪活动、运动会风采、歌曲才艺表演等为主，创新及表演效果（语言表达流畅、清晰、恰当、幽默，动作表演要熟练、优美）。

六、作品要求

1. 视频需体现青年学子的良好精神文明面貌，须原创。

2. 拍摄手法不限，画面要清晰。

3. 可DIY各种创意，背景音乐、特效、风格不限。

4. 参赛作品内容积极向上，思想健康，拒绝低俗。

5. 视频时长需大于60秒，且视频内容完整。

6. 拍摄背景最好是以学校的学院楼宇、食堂、宿舍为主，背景优美，室内干净整洁。

七、参赛流程

（一）初赛阶段

1. 参赛者参赛作品需自行拍摄，拍摄后于X月XX日中午12时前上报给所在分院，由分院审核。

2. 各分院审核后进行评比，选出优秀参赛作品进入决赛。

（二）决赛阶段

1. 经过各年级初赛评比结果后，参加决赛作品需填写参赛作品汇总表，盖章后于X月XX日中午12时前交由校团委，则视为有效参赛作品。

2. 最后获奖者均由有效参赛作品选出，其余参加者均视为无效参赛作品，不参与最后评选。

八、奖品设置

第一名：奖杯+荣誉证书+奖品；第二名：奖杯+荣誉证书+奖品；第三名：奖杯+荣誉证书+奖品；优秀奖三名：荣誉证书+奖品。

获奖人员有资格选拔参加学校招生工作实践活动，参与招生宣传、录取、信息咨询等实践工作。

×××学校团委20XX年X月XX日

三、抖音的管理制度

为共同营造一个绿色的网络环境，2019年1月9日下午中国网络视听节目服务协会面向社会公布了《网络短视频平台管理规范》以及网络短视频内容审核标准细则。其中，网络短视频内容审核标准细则又在内容审查层面将审核标准更加地深入细化；《网络短视频平台管理规范》从内容管理、审核制度、认证体系、技术要求四方面对短视频平台做出整改要求。

短视频的兴起可以让人随时随地展现自己，只要拥有一部智能手机，就使得每个人都有成为"世界名人"的可能，不过，短视频展示不能毫无底线，这就需要做好各方面的监管。在《网络短视频平台管理规范》及网络短视频内容审核标准细则正式公布之前，国家对于短视频的监管处于盲区，对平台的自查自纠依赖性极大，此次监管措施的出台，对短视频行业的健康发展有一定的促进作用。

第五章　Word 操作

　　Word 是常用编排文档的软件之一，它可以编辑文字图形、图像、声音、动画，可以插入其他软件制作的信息，也可以进行图形制作、编辑艺术字、数学公式、制作表格，Word 还提供了拼写和语法检查功能、模板与向导功能、Web 工具支持以及打印功能等，能够满足用户的各种文档处理要求，具有所见即所得、操作界面直观、软件界面友好等特点。

第一节　文档排版

一、各级标题设置

　　一级标题：活动主题名，中文采用黑体，英文和阿拉伯数字均采用 Times New Roman，字号大小为二号，居中，无缩进，段前 1 行，段后 1 行，单倍行距，大纲级别 1 级。

　　副标题：活动具体名，中文采用黑体，英文和阿拉伯数字均采用 Times New Roman，字号大小为三号，右对齐，无缩进，段前 1 行，段后 1 行，单倍行距，大纲级别 1 级。

　　二级标题：中文采用黑体，英文和阿拉伯数字均采用 Times New Roman，小三号，左对齐，无缩进，段前段后 0.5 行，单倍行距，大纲级别 2 级。

　　三级标题：中文采用黑体，英文和阿拉伯数字均采用 Times New Roman，字号大小为四号，两端对齐，无缩进，段前 0.5 行，段后 0.5 行，单倍行距，大纲级别 3 级。

　　四级标题：中文采用黑体，英文和阿拉伯数字均采用 Times New Roman，字号大小为小四号，两端对齐，无缩进，段前段后 0.5 行，单倍行距，大纲级别 4 级。

　　五级标题：中文采用宋体，英文和阿拉伯数字均采用 Times New Roman，字号大小为小四号，两端对齐，无缩进，段前段后 0.5 行，单倍行距，大纲级别 5 级。

正文：正文中所有中文采用宋体，英文和阿拉伯数字均采用 Times New Roman，字号大小为小四号，两端对齐，首行缩进 2 字符，段前段后 0.5 行，单倍行距。

表的设置：表序与表名置于表上，中文采用宋体，英文和阿拉伯数字均采用 Times New Roman，字号大小为五号，居中，单倍行距，无缩进，段前段后 0.5 行。表序按章编号，如表 4–5 形式，表序与表名之间空 1 格，表名中不使用标点符号。表格加左、右边线。

图的设置：图序与图名置于图下，中文采用宋体，英文和阿拉伯数字均采用 Times New Roman，字号大小为五号，居中，单倍行距，无缩进，段前段后 0.5 行。图序按章编号，如图 4–63 形式，图序与图名之间空 1 格，图名中不使用标点符号。

页面的设置要求：打印一律使用 A4 纸打印，左边距 3cm，右边距 2.5cm，上下边距 2.5cm，页眉、页脚边距均为 1.5cm。

二、各级标题的具体样式

一级标题：****
二级标题：一、
三级标题：（一）
四级标题：1.
五级标题：（1）
举例如下：

一级标题

——副标题

二级 标题

正文文字正文文字正文文字正文文字正文文字正文文字正文文字正文字正文文字正文文字正文文字正文文字正文文字正文文字正文文字。

表 4-5　近三年少数民族学生人数情况统计

序号	民族	省内		省外	
		男	女	男	女
1	藏族	6	5	6	5
2	彝族	7	5	6	4
……		……	……	……	……

正文文字正文文字正文文字正文文字正文文字正文文字正文文字正文文字正文文字正文文字正文文字正文文字正文文字正文文字。

三级　标题

正文文字正文文字正文文字正文文字正文文字正文文字正文文字正文文字正文文字正文文字正文文字正文文字正文文字正文文字正文。

四级　标题

正文文字正文文字正文文字正文文字正文文字正文文字正文文字正文文字正文文字正文文字正文文字正文文字正文文字正文文字正文。

图 4-63

正文文字正文文字正文文字正文文字正文文字正文文字正文文字正文文字正文文字正文文字正文文字正文文字正文文字正文文字正文。

五级 标题

正文文字正文文字正文文字正文文字正文文字正文文字正文文字正文文字正文文字正文文字正文文字正文文字正文文字正文文字正文文字正文文字正文文字正文文字正文文字正文。

三、页眉页脚的设置

页眉和页脚的作用是说明文档的一些属性。页眉可以添加文档的名称，如团总支 2021 年考核资料；页脚用于添加文档的补充信息，如整理人 ***，审核人 ***；页码用于添加文档的页码，如第 1 页。

点击插入菜单中"页眉页脚"选项卡中的"页眉"，出现如图 4-64 所示的下拉菜单；点击选项卡中的"页脚"，出现图 4-65 所示的下拉菜单；点击选项卡中的"页码"，出现图 4-66 所示的下拉菜单。

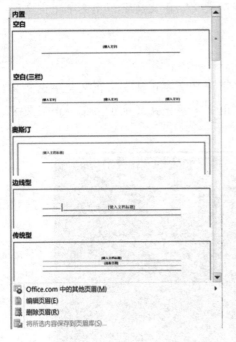

图 4-64

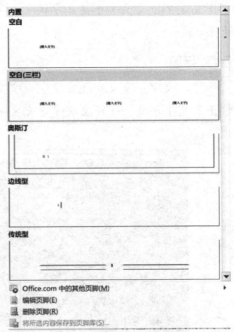

图 4-65

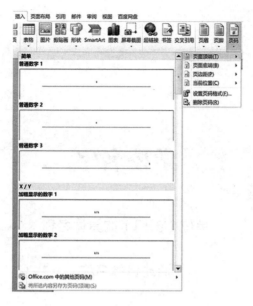

图 4-66

　　学生工作中，活动策划书是活动有序开展的指南，文字功底展现撰写的策划书的规范程度，文档图文反映排版的策划书的处理水平。

举例如下：

放入校徽

徽标

学校名字

单位（部门）的具体名称

活动具体名称

活动类别

策

划

书

主办单位：***（部门）党总支

二〇二〇年十一月二日＿＿＿＿＿＿

一、活动目的

通过师生党员学习强国平台的积分比拼，进一步强化师生党员教育，推进政治理论学习，切实增强"四个意识"，树立"四个自信"，营造"不忘初心、牢记使命"主题教育浓厚学习氛围。

二、活动主题

"聚心凝力齐学习，积分比拼强理论"。

三、活动对象

学校**学部全体师生党员。

四、活动时间

2020 年 11 月 1 日—2020 年 12 月 30 日。

五、活动平台

"学习强国"App。

六、活动内容

1.分别以 2020 年 11 月 1 日—11 月 30 日、12 月 1 日—12 月 31 日为学习时间周期，比拼师生党员 11 月、12 月的单月累计学习积分。

2.根据 11 月、12 月累计积分，进行师生分类排名，设一等奖 1 名，二等奖 2 名，三等奖 3 名，优秀奖 5 名，参与奖 10 名。如果 11 月、12 月累计积分相同，则对比总积分进行参照。

3.参与奖需至少满足学校规定的 400 分 / 月。

4.可引导师生党员每天在群里晒积分截图，积极完成当天学习任务，营造良好的学习势头和学习氛围。

七、奖项与奖品设置

类别	奖项	数量	奖品
教师党员	一等奖	1	2021 年精美定制台历
	二等奖	2	定制保温杯
	三等奖	3	定制蓝牙音箱
	优秀奖	5	定制暖手宝
	参与奖	10	无线耳机
学生党员	一等奖	1	定制保温杯
	二等奖	2	定制蓝牙音箱
	三等奖	3	定制暖手宝
	优秀奖	5	无线耳机
	参与奖	10	鼠标

八、经费预算

类别	奖品	数量	单价	总价
教师党员	2021 年精美定制台历	1	120	120
	定制保温杯	2	110	220
	定制蓝牙音箱	3	100	300
	定制暖手宝	5	80	400
	无线耳机	10	50	500
学生党员	定制水杯	1	90	90
	定制暖手宝	2	80	160
	无线耳机	3	50	150
	定制钢笔	5	30	150
	定制笔记本	10	20	200
合计：2290 元				

九、活动负责人及其联系方式

马**：17 882 551 111

曹**：15 283 171 111

张**：18 090 891 111

邮箱：15 283 171 111@qq.com

策划单位：***（部门）党总支

2020 年 11 月 2 日

根据前文各级标题设置、标题的样式、文档排版的呈现的总体效果图如图 4-67 所示。

图 4-67　总体效果图

四、模板的调用

在实际工作中，如果有一个模板可以直接套用，就可以在一定程度上减少不必要的工作量，Word 文档也有模板，如传单、发票、邀请函等。如图 4-68 所示。

（1）模板的创建：既可以自己创建模板，也可以直接使用系统自带的模板。

首先打开一个 Word 文档，之后点击"文件"—"新建"，在搜索框中输入需要的模板，然后选中模板，点击创建即可下载。

（2）模板的保存：根据需要可以重新创建模板，在创建后就保存为 Word 模板。点击"文件"—"另存为"—在相应的对话框中选中保存的类型为模板型。

（3）模板的更新：对创建的模板进行更改，首先找到要修改的模板，选中，右击选择打开后修改保存。

注意：修改模板时，切记不可以直接双击打开，否则就是重新创建一个文档，这样的模板是没有更新的。

（4）模板的删除：对已经创建的模板不满意的话，可以通过模板存储位置进行删除，未删除之前是可以看到这个模板的。

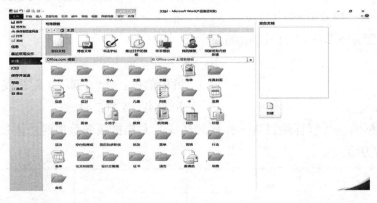

图 4-68

五、目录设置

当我们提交的材料分块内容比较多时，考虑增加文档目录，以便清晰可见文稿整体框架。

通过开始菜单中"样式"选项卡，依次设置需要出现在目录中的框架标题后，在引用菜单中选择"目录"出现如图 4-69、图 4-70 所示，选择目录的生成。当目录框架内容有增减等修改后，需要在目录选项卡中更新目录操作，完成目录的更新。

图 4-69

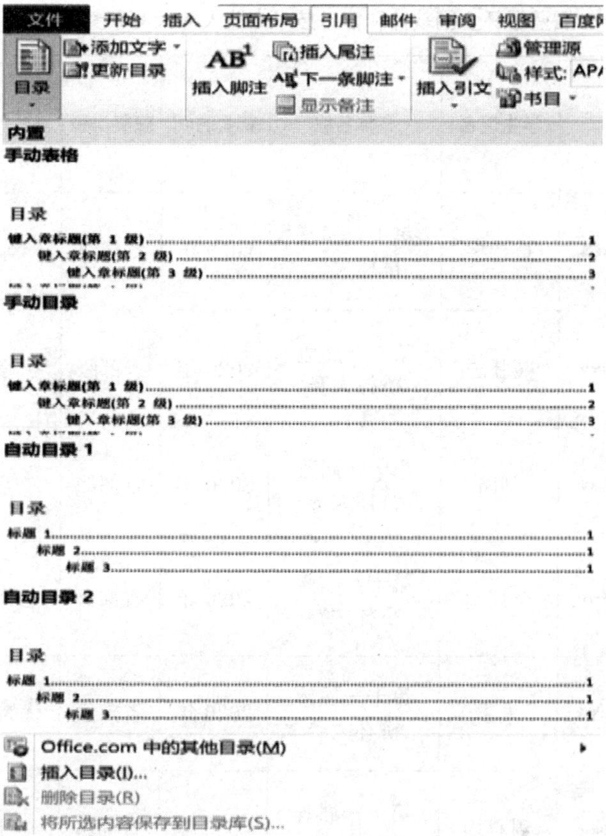

图 4-70

第二节　表格应用

一、表格操作注意事项

1. 文档里的表格内的文字最好都是居中。

2. 文档里的表格整体也是居中处理。

3. 文档里有些表格可以做成横向纸张方向。

4. 对插入的表格可进行编辑，表格中的数据可进行计算。

5. 文档中的表格，不要随意更改，可使用标尺工具等，更改位置布局。

如表 4-6 所示为表格应用的例子。

表 4-6　第十一届蓝桥杯全国软件和信息技术专业人才大赛获奖情况统计（2020 年）

序号	学号	学生姓名	竞赛名称	获奖时间	获奖类别	获奖等级	说明
1	********	黄诗宇	第十一届蓝桥杯大赛	2020 年	省部级	一等奖	C/C++B 组
2	********	聂壮志	第十一届蓝桥杯大赛	2020 年	省部级	一等奖	C/C++B 组
3	********	刘路	第十一届蓝桥杯大赛	2020 年	省部级	二等奖	C/C++B 组
4	********	李润地	第十一届蓝桥杯大赛	2020 年	省部级	三等奖	C/C++B 组
5	********	朱雲	第十一届蓝桥杯大赛	2020 年	省部级	优秀奖	C/C++B 组
6	********	周科均	第十一届蓝桥杯大赛	2020 年	省部级	一等奖	JavaB 组
7	********	甘杰	第十一届蓝桥杯大赛	2020 年	省部级	一等奖	JavaB 组
8	********	凌新科	第十一届蓝桥杯大赛	2020 年	省部级	二等奖	JavaB 组
9	********	陈思宇	第十一届蓝桥杯大赛	2020 年	省部级	三等奖	JavaB 组
10	********	甘豪杰	第十一届蓝桥杯大赛	2020 年	省部级	优秀奖	JavaB 组
……	……	……	……	……	……	……	……

第三节　图片编辑

　　Word 2010 中提供了图片工具设置。点击 Word 文档中的任意一张图片，就会出现图片工具选项卡，用于设置图片的属性，包括：调整、图片样式、排列、大小等四个组，如图 4-71 所示。

图 4-71　编辑栏

一、图片调整

　　删除背景，可以消除图片的背景，以强调或突出图片的主题，或消除杂乱的细节，如图 4-72 所示；更正，可以锐化和柔化图片效果，也可以调节图片的亮度和对比度，如图 4-73 所示；颜色，可以设置图片饱和度，或者重新设置颜色，如图 4-74 所示；艺术效果，可以将艺术效果添加到图片中，使图片达到草图或油画效果，如图 4-75 所示。

图 4-72

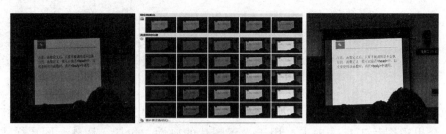

图 4-73

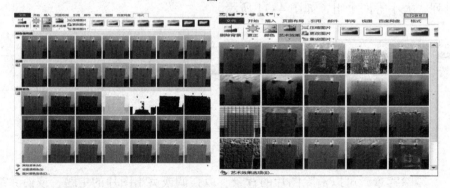

图 4-74   图 4-75

二、图片样式

图片样式是指通过添加阴影、发光、映像、柔化边缘等效果来增强图片的感染力。如图 4-76 所示。

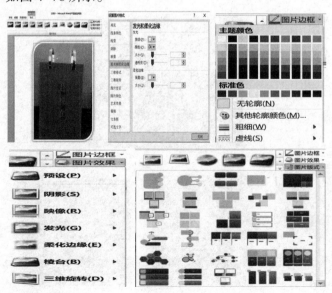

图 4-76

三、排列设置

通过 Word 也可以对位置、自动换行等设置，如在文档中插入图片时，图片没有完整显示，则选中图片，在排列设置中进行文字和图片的相对位置设置，如图 4-77 所示。

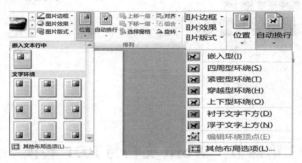

图 4-77

四、大小设置

在文档中插入图片，当源图片的尺寸较大时，可以通过参数控制，也可以通过裁剪改变图片尺寸，如图 4-78 所示；源图片的存储占用空间较大时，左键双击文档中的图片，然后在菜单栏中选择"压缩图片"，对压缩图片选项卡中"应用于""更改分辨率""选项"等进行设置后点击"确定"，即可释放存储空间，适应上传要求。

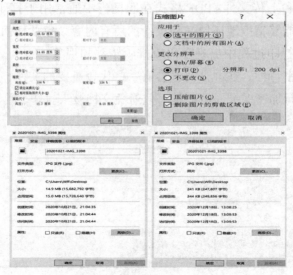

图 4-78

五、绘制图片

绘图工具用于设置文档中的各种形状的属性。包括插入形状、形状样式、艺术字样式、文本、排列、大小共计六个组，如图4-79所示。

图 4-79

第四节　Word 文档与 PDF 转换

当编辑好的 Word 文档在别处使用时，为避免格式出现异常情况，可以将文档转化成 PDF 格式解决。

具体操作办法：首先打开电脑上需要转换格式的 Word 文档，点击"文件"菜单，点击"另存为"，保存类型选择 PDF 即可存为 PDF 文件。如图4-80所示。

PDF，又称可移植文档格式，它可以将文档里面的所有内容包括文字、字形、格式排版、图片完整地封存在一个文件里面。PDF 格式有以下两点作用：（1）打印和上传文件：PDF 格式在职场当中通常用于打印或上传文件，它的特殊效果能够精准地还原文档里面的所有内容，包括任何一个字符，不会在上传或者打印过程中出现乱码或排版错乱的现象；（2）文件加密：PDF具有良好的加密特性，在办公时候会有一些比较重要的文件，考虑到安全因素会对文档进行加密保护，PDF 能有效避免文档被人打印、篡改。

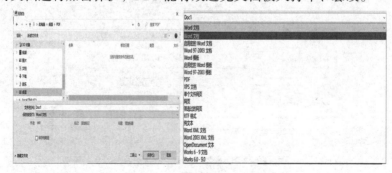

图 4-80

第五节　排版的一些技巧与策略

（1）输着输着光标后的字不见了怎么办？在状态栏上找到"改写"换成"插入"如图 4-81。

图 4-81

（2）行间距和字体间距均可设置，如图 4-82、图 4-83 所示。

注意：将文档输入完成后，核对检查设置所有排版。

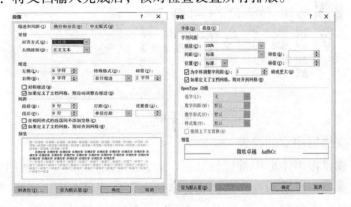

图 4-82　　　　　　　　　　　　　　图 4-83

（3）项目符号设置

统一添加需要的项目编号，如图 4-84、图 4-85、图 4-86 所示。

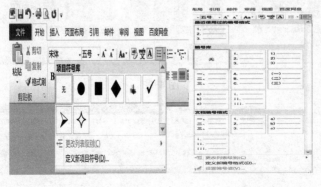

图 4-84　　　　　　　　　　　　　　图 4-85

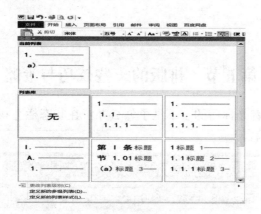

图 4-86

（4）在审阅菜单中的字数统计中查看文档字数统计信息，如图 4-87 所示。

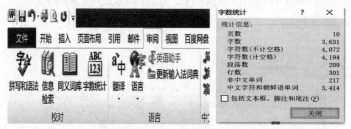

图 4-87

（5）文档框中√的设置

文档或申报书中框中常进行框选，如：□创业项目 □创新项目 □创意项目，三选一。设置的操作是：光标定位在创新项目前面，选择"插入"菜单中"符号"查找到"√"，选中"√"，呈现√状态时，选择"插入"菜单中"字体"选项卡的Ａ，即可设置成功。如图 4-88、图 4-89、图 4-90 所示。

图 4-88

图 4-89　　　　　　　　　　　　图 4-90

（6）在 Word 文档操作完成之后，可能会出现空白页，要将其删除，如删除不掉则是插入了分节符，将其删除方法如下。

点击开始菜单栏中的"显示 / 隐藏编辑标记"功能图标，即可对全文的分页符或者分节符进行显示 / 隐藏。

打开文档，选择需要删除的分节符或者分页符。把鼠标光标放到分节符或分页符前面，然后按下键盘 delete（删除键）即可删除。

（7）标点符号不能单起一行，表格中遇单独一个字成一行时，用开始菜单中段落选项卡里的字符缩放进行处理。如图 4-91 所示。

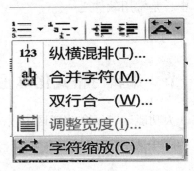

图 4-91

（8）文档中，常规排版是首行缩进 2 字符。

（9）文档中，选择内容方法如下。

全选：Ctrl+A，选择全部内容。

选择中间几页：起始处单击，按住 Shift 不放，在结束处单击，选择中间超过一页的内容。

（10）格式刷：格式刷可设置相同格式。

（11）查找和替换：可以查找和替换全篇内容包括标点符号，如将"."替换成"。"，设置如图 4-92 所示。

图 4-92

第六章　Excel 操作

Excel 2010 是一种功能强大、操作灵活的电子表格处理软件，可对数据进行组织、运算、分析和统计，还可以将数据制作成各种形象直观的图表。在学校的学生管理工作中，是常用软件之一。

第一节　编辑与格式化单元格

Excel 2010 主要有 9 大功能区，每个功能区中收录相应的功能群组，以方便用户切换、选用。如图 4-93 所示。

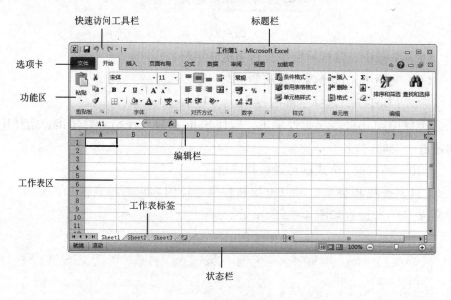

图 4-93

默认显示的是"开始"功能区，该功能区主要用于帮助用户对 Excel 进行文字编辑和单元格的格式设置，是用户最常用的功能区，包括剪贴板、字体、对齐方式、数字、样式、单元格和编辑七个组。

"文件"功能区主要用于创建新文件，打开、保存、打印文件，设置

Excel 选项等。

"插入"功能区主要用于在 Excel 中插入和编辑图表等各种对象。

"页面布局"功能区用于设置 Excel 页面样式。

"公式"功能区用于进行各种数据计算。

"数据"功能区主要用于进行数据处理相关方面的操作。

"审阅"功能区主要用于对 Excel 进行校对和修订等操作。

"视图"功能区用于帮助用户设置 Excel 窗口的视图类型，方便操作。

1. 基本操作

（1）选定单元格。在执行 Excel 命令之前，一般都要对其操作的单元格（区域）进行选定，选定方法如表 4-7 所示。

表 4-7　单元格（区域）选定

选定区域	操作方法
一个单元格	单击某个单元格
整行（列）	单击工作表相应的行号（列标）
整张工作表	单击全选框
相邻行（列）	鼠标拖过相邻的行号（列标）
不相邻行（列）	选定第一行（列）后，按住 Ctrl 键，再选择其他行（列）
相邻单元格区域	单击区域左上角单元格，拖至右下角（或按住 Shift 键后单击右下角单元格）
不相邻单元格区域	选定一个区域后，按住 Ctrl 键，再选择其他区域

（2）选择性粘贴的使用。一个单元格含有多种特性，如内容、格式、公式等，有时只需复制其中的部分特性，这时就通过选择性粘贴来实现。先选择要复制的源单元格并执行"复制"命令，然后将鼠标移动到目标单元格，选择"开始"菜单—"剪贴板"组，单击"粘贴"命令下三角按钮，在下拉列表中选择要粘贴的相应选项，如图 4-94 所示。也可选择"选择性粘贴"命令，打开"选择性粘贴"对话框，如图 4-95 所示，在该对话框中选择要粘贴的相应选项，单击"确定"按钮。

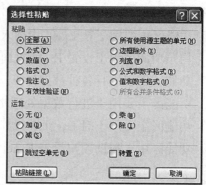

图 4-94　条件区域　　　　　　　　　　图 4-95

（3）编辑栏。编辑栏由名称框和编辑框两部分组成。左边是名称框，显示活动单元格或区域的地址及名称；右边为编辑框，用于输入或编辑活动单元格的数据或公式。当进行输入或编辑数据时，编辑栏中还有三个按钮，分别是："取消"按钮（✕）、"输入"按钮（✓）、"公式"按钮（fx）。

（4）单元格内输入多行字内容。在第一行末尾，按下 Alt+Enter 组合键，即可在同一单元格的下一行输入内容，依次操作添加多行内容，如图 4-96、图 4-97 所示。

（5）单元格的显示。在开始菜单的对齐方式中选择自动换行，则可以将较多内容显示完整。如图 4-98 所示。

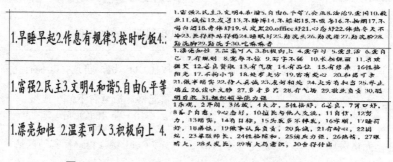

图 4-96　　　　　　　　　　　　　图 4-97

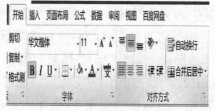

图 4-98

2. 单元格数据设置

（1）小数位数：在设置单元格格式中数字栏选择分类中数值，然后根据需要对单元格数据的小数位数进行设置，如图 4-99 所示。

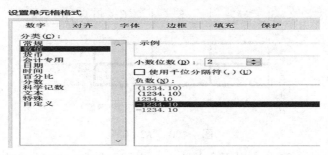

图 4-99

（2）身份证号码存放：在设置单元格格式中数字栏选择分类中文本，然后根据需要输入身份证号码即可。

第二节　公式与函数应用

一、公式应用

Excel 中的公式和函数是其重要组成，使用他们可以简化运算过程，极大地提高工作效率。

1. 公式组成

公式以"="开始，由运算符、常量、单元格引用、函数等元素组成。

2. 四种运算符

（1）算术运算符。算术运算符用来进行基本的数学运算，其运算结果均为数值，包括 +、-、*、/、%、^ 等。

（2）比较运算符。比较运算符用来比较两个数值的大小，其运算结果为逻辑值 TRUE 或 FALSE，包括 =、>、<、>=、<=、<> 等。

（3）文本运算符。文本运算符只有一个：&，其作用是进行文本的连接。文本运算符的操作对象可以是单元格地址，也可以是文本常量。如果是文本常量，则该字符串须用一对英文引号""括起来。

（4）引用运算符。其作用是将不同的单元格区域合并运算，包括冒号、逗号、空格。冒号（：）：对两个在区域内的所有单元格进行引用。例如，"A2：C3"表示 A2 ~ C3 所有 6 个单元格的引用。如图 4-100 所示。

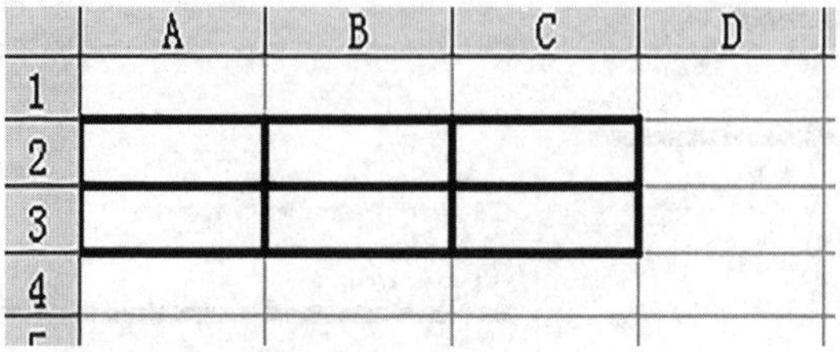

图 4-100 "A2：C3"

逗号（,）：将多个引用合并为一个引用。例如，"A2，C3"表示 A2 和 C3 这 2 个单元格的引用。如图 4-101 所示。

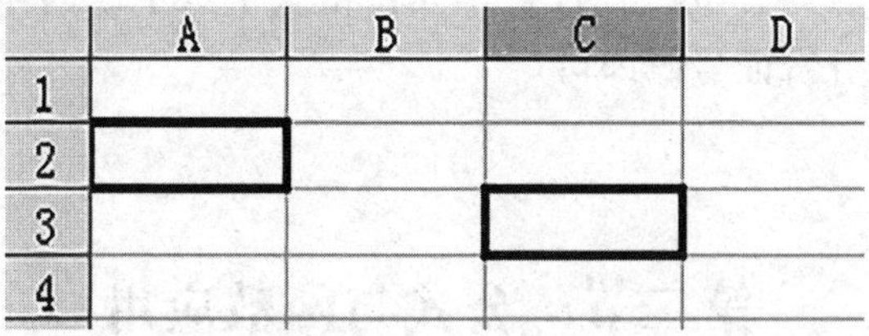

图 4-101 "A2，C3"

空格：只处理各引用区域间相重叠的部分单元格。例如输入公式 =SUM（A2：C3 B2：D4），即求出这两个区域中重叠的单元格 B2、B3、C2、C3 的和。如图 4-102 所示。

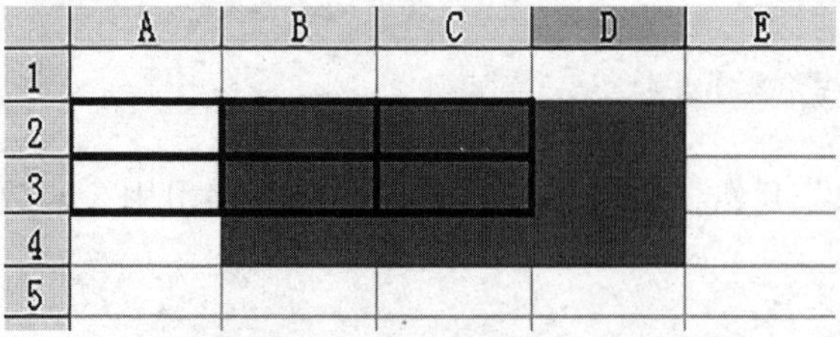

图 4-102 "A2：C3 B2：D4"

所有的运算符都要遵守一定的运算优先级规则，由高到低为：引用运算符 > 算术运算符 > 文本运算符 > 比较运算符。

3. 公式编辑

当某个单元格输入公式后，若相邻的单元格也需要进行同类型的计算，这时，用户不必一一输入公式，可进行公式的复制操作。最常用的方法是使用填充柄进行公式复制，操作如下：将鼠标放在要复制公式的单元格右下角，变成填充柄状态，拖动鼠标到同行或同列的其他单元格上即可。

二、函数的应用

函数输入的方法有两种，第一种是采用直接输入函数的方法，该方法类似于公式的输入。首先选定单元格，输入等号"="后直接输入函数本身即可，如输入：=SUM（C1：D2）。

第二种是采用函数粘贴法，通过"插入函数"对话框进行函数的输入。例如，用函数粘贴法计算包含团员和群众的班级总人数，如图4-103所示。其操作步骤如下。

（1）选定要输入函数的单元格（本例中选中F2单元格）。

（2）单击编辑栏左侧"插入函数"按钮（ _fx_ ），或选择"公式"选项卡—"函数库"组，单击"插入函数"按钮 _fx_ ，如图4-104所示，打开"插入函数"对话框。

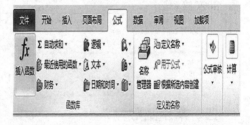

图 4-103   图 4-104

（3）在如图4-105所示的"插入函数"对话框中，从"或选择类别"下拉列表框中选择要输入的函数的类别，本例选择"常用函数"选项。从"选择函数"列表框中选择需要的函数，本例选择SUM（ ）求和函数。

（4）单击"确定"按钮，弹出"函数参数"对话框，如图4-106所示，在该对话框中可手动输入参数，也可以用拖动鼠标选择参数区域的方法输入参数。拖动鼠标选择参数区域的操作步骤是：单击Number1文本框右边的"压缩对话框"按钮，折叠"函数参数"对话框，在工作表中拖动鼠标选择参数区域"B2：C2"，此时闪烁的虚线框代表该区域为参数区域，如图4-107所示所示，若要取消该参数区域，可按"ESC"键，再单击"展开对话框"按钮，展开"函数参数"对话框。

（5）单击"确定"按钮完成函数的输入。最后将公式复制到其他单元格，完成多个班级总人数的求和工作。

图 4-105　　　　　　　　　　　　　图 4-106

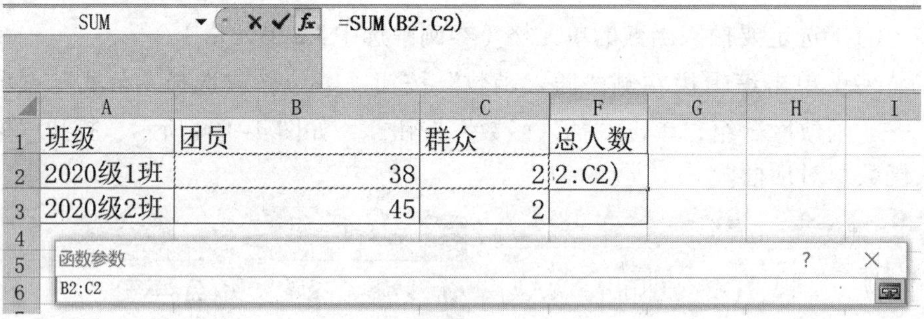

图 4-107

三、常用函数输入

1. SUMIF（）函数

功能：对满足条件的单元格求和。

语法：SUMIF（range，criteria，sum_range）。

说明：（1）range 为用于条件判断的单元格区域；（2）criteria 为确定哪些单元格将被相加求和的条件；（3）sum_range 为求和的实际单元格。只有当 range 中的相应单元格满足条件时，才对 sum_range 中的单元格求和。如果省略 sum_range，则直接对 range 中的单元格求和。

使用示例：对奖学金为"三等"的同学计算总奖学金金额。数据如图 4-108 所示。

公式为：=SUMIF（B2:B6，"三等"，C2:C6），结果为 1 500。

分析：首先判断 B2 单元格的数据是不是等于"三等"，若是，则 C2 单元格的数据会被累加求和，若不是，C2 单元格的数据不会被累加求和；接着判断 B3 单元格的数据是不是等于"三等"，若是，则累加求和，若不是，C3 单元格的数据不会被累加求和……，一直判断到 B6 单元格为止。在 B2 到 B6 单元格中，B3、B5 和 B6 三个单元格的数据等于"三等"，则 C3、C5 和 C6 三个单元格数据相加求和，最后结果为 1 500。

	A	B	C	D
1	姓名	奖学金	金额	三等总金额
2	李婷	一等	1000	
3	王华	三等	500	
4	赵飞	二等	800	
5	刘海	三等	500	
6	林夏	三等	500	
7				

图 4-108

2. COUNTIF（ ）函数

功能：计算给定区域中满足给定条件的单元格的数目。

语法：COUNTIF（range，criteria）。

说明：（1）range 是进行条件判断的单元格区域；（2）criteria 为确定哪些单元格将被计数的条件。

使用示例：若单元格 A1：A5 单元格的内容分别为：32、55、12、76、86，则 COUNTIF（A1：A5，">33"）等于 3。

3. IF（ ）函数

功能：根据逻辑测试的真假值返回不同的结果。

语法：IF（logical_test，value_if_true，value_if_false）。

说明：（1）logical_test 是计算结果为 TRUE 或 FALSE 的任意值或表达式；（2）value_if_true 是 logical_test 为 TRUE 时返回的值。如果忽略，则返回 TRUE。

（3）value_if_false 是 logical_test 为 FALSE 时返回的值。如果忽略，则返回 FALSE。

使用示例：对奖学金等级是否符合参与国家奖学金评选给出评定，若大于等于 800 则合格，小于 800 则为空。如图 4-109 所示。在 D2 单元格中输入公式"=IF（C2>=800，"可参评","")"，再将公式复制到 D3、D4、D5、D6 单元格。

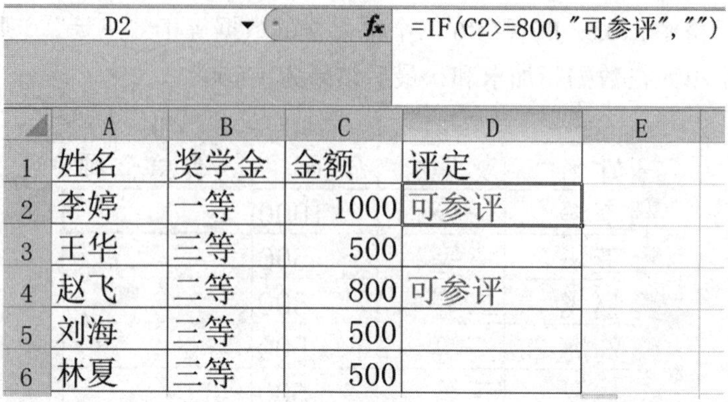

	D2	▼	f_x	=IF(C2>=800,"可参评","")	
	A	B	C	D	E
1	姓名	奖学金	金额	评定	
2	李婷	一等	1000	可参评	
3	王华	三等	500		
4	赵飞	二等	800	可参评	
5	刘海	三等	500		
6	林夏	三等	500		

图 4-109

4. RANK（）函数

功能：返回某数字在一列数字中的大小排位。

语法：RANK（number，ref，order）。

说明：（1）number 为需要找到排位的数字；（2）ref 为一组数字的数组或引用，非数值型将被忽略；（3）order 指定排位的方式，0 忽略为降序；非0 为升序；（4）函数 RANK 对重复数的排位相同。但重复数的存在将影响后续数值的排位。例如，在一整数列中，整数 8 出现两次，第一个排位为 3，则 9 的排位为 5（没有排位为 4 的数值）。

5. 自动求和

如果需要快速完成数据求和，还可以选择"公式"选项卡—"函数库"组，单击"自动求和"按钮（Σ 自动求和 ▾），若单击右边的下三角形按钮，在展开的下拉列表中还包含了求平均值、计数、求最大值和最小值等计算，如图 4-110 所示，可以实现一般数据的快速计算。

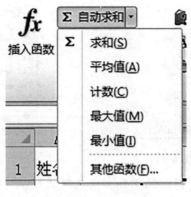

图 4-110

注意：在使用 Excel 时，尽量用函数处理数据，以方便后续添加数据时，系统可以自动更新数据。

第三节 数据处理的技巧与策略

一、合理使用排序功能

数据的排序就是按照一定的规律把一列或多列无序的数据排列成有序的数据，以便于管理和分析。Excel 2010 提供了简单排序和多条件排序功能。

（一）简单排序

简单排序是指使用"升序"（或"降序"）按钮依据一个字段对数据进行排序。操作方法是：单击排序列中的任一单元格，然后选择"数据"选项卡—"排序和筛选"组，单击"升序"按钮 或"降序"按钮 ，即可自动实现排序，如图 4-111 所示。

若选择"开始"选项卡—"编辑"组，单击"排序和筛选"，在展开的下拉列表中选择"升序（S）"命令或"降序（O）"命令，也可实现简单排序，如图 4-112 所示。

图 4-111   图 4-112

提示：如果选中要排序的整列，再选择"升序"或"降序"按钮，则会出现如图 4-113 所示的"排序提醒"对话框。在"给出排序依据"选项中，如果选择"扩展选定区域"则按选定的关键字字段对扩展区域数据进行排序；如果选择"以当前选定区域排序"则不会对数据进行排序。

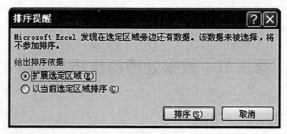

图 4-113

（二）多条件排序

利用单列数据内容进行排序时，数据清单中的记录可能出现相同数据，这时如果要进一步对这些记录排序，就需要根据多列数据对数据清单进行排序。多条件排序的操作方法如下。

（1）单击数据清单中任一单元格。

（2）选择"数据"选项卡—"排序和筛选"组，单击"排序"按钮，如图 4-111 所示。或者选择"开始"选项卡—"编辑"组，单击"排序和筛选"，在展开的下拉列表中选择"自定义排序"命令，如图 4-112 所示。这两种操作都会弹出"排序"对话框，如图 4-114 所示。

图 4-114

（3）在"排序"对话框中，从"主要关键字"下拉列表框中选择需要排序的主关键字段。从"排序依据"下拉列表框中选择排序依据类别，Excel 2010 中可以作为排序依据的有"数值""单元格颜色""字体颜色"和"单元格图标"。从"次序"下拉列表框中选择"升序""降序"或者"自定义序列"。

若用户还需要按其他字段进行排序，可单击"添加条件"按钮添加次要关键字，再选择次要关键字、排序依据及次序。多次单击"添加条件"按钮可添加多个次要关键字，如图 4-115 所示。单击"删除条件"按钮可删除选中的排序关键字，每单击一次该按钮，删除一个选中的排序关键字。

图 4-115

（5）单击"确定"按钮，完成多条件排序操作。

（三）排序选项设置

在 Excel 2010 中，用户可以设置按照大小、笔画或某种特定的顺序排序。操作步骤如下。

（1）在如图 4-111 所示的"排序"对话框中，单击"选项"按钮，弹出"排序选项"对话框，如图 4-116 所示。

（2）在"排序选项"对话框中，设置是否区分大小写，选择排序的方向和方法，最后单击"确定"按钮，回到"排序"对话框。

图 4-116

（四）删除部分数据

在 Excel 2010 中，删除部分数据的操作步骤如下。

（1）一键删除重复行，操作办法是：选中数据区域，在数据菜单中的"数据工具"选项里的"删除重复项"。如图 4-117、图 4-118、图 4-119、图 4-120、图 4-121 所示。

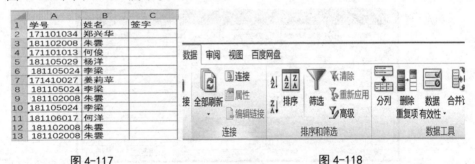

图 4-117   图 4-118

图 4-119   图 4-120

	A	B	C
1	学号	姓名	签字
2	171101034	郑兴华	
3	181102008	朱雲	
4	171101013	何俊	
5	181105029	杨洋	
6	181105024	李梁	
7	171410027	姜莉苹	
8	181106017	何洋	

图 4-121

（2）从网上复制表格粘贴到 Excel 中会有很多小图形，操作办法是：复制粘贴到一个空白的 Excel 表格里面，再次复制、选择性粘贴到需要的地方，只要数值，就可以跳过符号。

二、使用高级筛选数据范围

对于一些较为复杂的筛选操作或者只要满足多个条件之一的筛选，可以通过高级筛选方式完成。使用高级筛选的关键是设置用户自定义的条件，这些条件必须放在一个称为条件区域的单元格区域中。条件区域包括两部分：标题行和条件行。条件区域设置方法是：（1）标题行是条件区域的第一行，输入待筛选数据所在的列标题（必须和数据清单中列标题一致，要筛选多个字段，就输入多个列标题）；（2）条件行从条件区域的第二行开始输入，在对应的列标题下，可以有一行或多行。同一行的条件表示"与"关系，同时满足这些条件的记录才能显示；不同行的条件表示"或"关系，记录只要满足其中任一个条件就能显示。

条件区域一般与数据清单相隔一行或一列，与数据清单隔开。

使用示例：使用高级筛选，筛选出籍贯是四川的男生记录。操作步骤如下。

（1）建立条件区域，如图 4-122 中的 C13：D14 单元格区域所示。"男"和"四川"条件在同一行上，表示条件相"与"。

（2）选择"数据"选项卡—"排序和筛选"组，单击"高级"按钮，弹出"高级筛选"对话框。

（3）在"高级筛选"对话框中设置"列表区域""条件区域"。本例中，"列表区域"是 A1：H11 单元格区域，"条件区域"是 C13：D14 单元格区域，如图 4-123 所示。若将"方式"选中为"将筛选结果复制到其他位置"，"复制到"选项变成黑色，可设置"复制到"单元格区域。

（4）单击"确定"按钮。筛选结果如图 4-124 所示，与用筛选方式选出的结果一样。

图 4-122   图 4-123

	A	B	C	D	E	F	G	H
1	学号	姓名	性别	籍贯	数学	英语	计算机	总分
2	011201	钱宇	男	四川	68	89	0	157
11	011210	武斌	男	四川	100	80	95	275

图 4-124

如果使用高级筛选筛选出只要满足多个条件之一的数据，如筛选出籍贯是山东，或者总分大于 270 分的记录，那么条件区域应设置条件在不同行，如图 4-125 所示。

当需要取消高级筛选，选择"数据"选项卡—"排序和筛选"组，单击"清除"按钮，如图 4-126 所示，高级筛选被取消，系统显示所有数据。

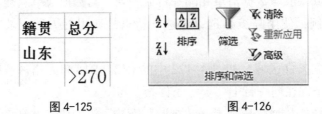

籍贯	总分
山东	
	>270

图 4-125   图 4-126

第四节　单元格设置和打印预览

一、单元格边框设置，便于数据清晰区分

选中需要的数据区域，鼠标右键单击，选择"设置单元格格式"，选择对话框中的边框选项卡，按需要添加边框。如图4-127、图4-128、图4-129所示。

图 4-127　　　　　　　　　　　　　图 4-128

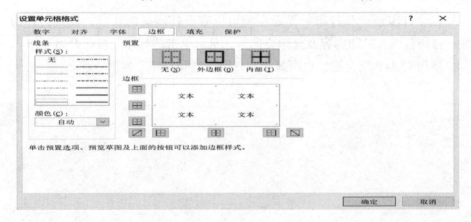

图 4-129

二、打印预览，便于看到打印效果

在打印之前可利用打印预览功能查看工作表外观和版面，显示打印的设置效果，如果达到理想效果就可执行打印操作。

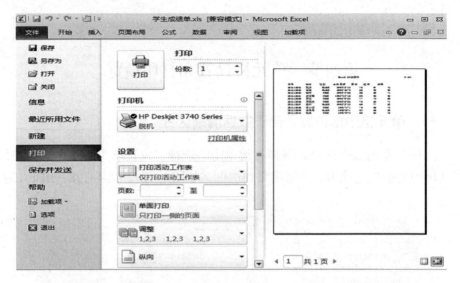

图 4-130

Excel 2010 打印预览和打印功能在同一个界面中。执行"文件"选项卡—"打印"命令，显示"打印预览和打印"界面，如图 4-130 所示。

"打印预览和打印"界面右侧是打印预览的效果，用户可以通过选择右下角"缩放到页面"按钮和"显示边距"按钮查看工作表的打印效果、设置页边距等。

在"打印预览和打印"界面左侧可以查看打印机的状态，设置打印份数、打印范围、打印内容及打印方向等，最后单击"打印"按钮开始打印。

使用 Ctrl+P 组合键，也可显示"打印预览和打印"界面。

第七章　PowerPoint 操作

第一节　模板应用

一、从"样本模板"开始创建新演示文稿

模板是系统预先定义好的演示文稿的样式和风格，包括预先定义好的文本、页面结构、文本格式、标题格式、主题颜色、背景图形等。如图 4-131 所示。微软预先为常用的办公场景设计了许多精美的 PowerPoint 模板，用户只需简单修改各张幻灯片的内容，便可以快速完成演示文稿的制作。图 4-132 所示的是根据样本模板"现代型相册"创建的演示文稿，此模板中包含了示例照片和示例文本，用户只需要将示例照片替换为自己的照片，将示例文字改为自己需要的文字，即可快速创建一个相册。

图 4-131

图 4-132

二、根据"主题"创建新演示文稿

主题是一组设计设置，包括对颜色、字体、背景、图形、对象效果等各种元素的设计控制。PowerPoint 提供了多种设置主题，通过主题可以使演示文稿具有统一的风格，从而大大简化了演示文稿的创建过程，同时也使演示文稿的设计达到专业设计师的水准。与模板相比，主题不包含实际模板可以包含的一些示例内容，主题只能向演示文稿提供颜色、字体、背景等设置信息，它本质上是嵌入到演示文稿中的 XML 代码片段。

PowerPoint 支持从多种类型的已有文档新建演示文稿，包括扩展名为".pptx"的演示文稿、扩展名为".pot"的模板，用户也可以将自己设计好的独具风格的演示文稿保存成模板，以便日后重复使用。操作方法为：单击"文件"按钮—"另存为"，在"另存为"对话框中将保存的类型设置为"PowerPoint 模板（ *.pot ）"即可。

（一）母版应用

母版是一种特殊的幻灯片，是存储有关演示文稿信息的顶层幻灯片。在 PowerPoint 2010 中，母版主要包括：幻灯片母版、讲义母版和备注母版。用户对幻灯片母版、备注母版或讲义母版的更改将直接应用到所有基于此母版的幻灯片、备注页或讲义上。

1. 幻灯片母版

幻灯片母版是幻灯片层次结构中的顶层幻灯片，用于存储有关演示文稿的主题和幻灯片版式的信息，包括背景、颜色、字体、效果、占位符大小和位置。

每个演示文稿至少包含一个幻灯片母版。修改和使用幻灯片母版的主要优点是：可以对演示文稿中的每张幻灯片（包括以后添加到演示文稿中的幻灯片）进行统一的样式更改，即在幻灯片母版中设置好的格式或添加的对象将应用到所有基于该母版的幻灯片上。

使用幻灯片母版，由于无须在多张幻灯片上键入相同的信息和进行重复而相同的格式设置，因此大大节省了幻灯片的设计时间，同时也使演示文稿有统一的外观。

（1）打开幻灯片母版视图

单击"视图"选项卡—"母版视图"组—"幻灯片母版"按钮，进入幻灯片母版视图，如图 4-133 所示。

图 4-133

在 PowerPoint 2010 中，幻灯片母版针对每个版式都有单独的版式母版。图 4-133 所示的图中，左窗格上方第 1 张较大的幻灯片是幻灯片母版，下方较小的 11 张幻灯片是版式母版。

（2）设置幻灯片母版格式

我们可以对幻灯片母版进行各种格式设置，对幻灯片母版所做的任何设置将会应用到各张版式母版，但是也可以对各张版式母版单独定义，以覆盖幻灯片母版的设置。例如，在特定版式中，可以选择忽略背景图形，以便释放其在幻灯片中所占的空间而供其他对象使用。

幻灯片母版中包括 5 个占位符：标题占位符、文本占位符、日期和时间占位符期、页码占位符和页脚占位符，如图 4-134 所示。

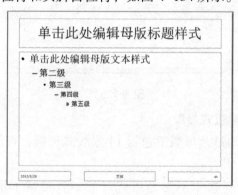

图 4-134

选中幻灯片母版，可以对其进行如下格式设置。

①设置标题和文本的格式

选中标题占位符或文本占位符，使用"开始"选项卡中的"字体"组或"段落"组中的命令按钮，可以对标题或正文的文本格式、段落格式及项目符号进行设置。注意：在占位符中输入文字是无效的，不能应用到演示文稿的各张幻灯片中。

②设置背景格式

单击"幻灯片母版"选项卡—"背景"组—"背景样式"，在弹出的样式列表中选择一种样式作为背景，也可单击下方的"设置背景格式"命令选择以图片、纹理等作为背景。

③插入对象

使用"插入"选项卡中的命令按钮，可以向幻灯片母版插入形状、图片等各种对象。

④添加页眉和页脚

单击"插入"选项卡—"文本"组—"页眉和页脚"，弹出"页眉和页脚"对话框，如图4-135所示，在该对话框中单击选中"日期和时间""幻灯编号"，也可以自定义页脚。

除此之外，还可以调整幻灯片母版上各对象（包括占位符）的大小和位置；也可以直接单击将主题应用于幻灯片母版，以省去格式设置的麻烦。

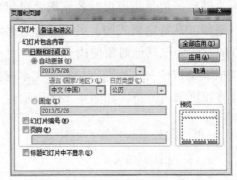

图4-135

（3）插入、删除版式母版

默认情况下，幻灯片母版下包括11张版式母版，可以根据需要添加或删除版式母版。

删除版式母版：选中不要的版式母版，直接按下键盘上的Delete键即可。

插入版式母版：单击"幻灯片母版"选项卡—"编辑母版"组—"插入版式"按钮，可在选定的版式母版下方插入一张版式母版，用户可以向该版式母版添加占位符或删除占位符。添加占位符的方法为："幻灯片母版"选项卡—"母版版式"组—"插入占位符"按钮，在弹出的下拉菜单中选择需要的占位符，如图 4-136 所示，当鼠标变成十字形时，在幻灯片母版上拖曳绘制出占位符即可。

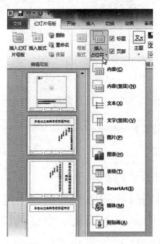

图 4-136

（4）插入、删除幻灯片母版

一个演示文稿至少包含一个幻灯片母版，当用户在某张幻灯片上使用了另一种主题时，该主题对应的幻灯片母版自动被添加到幻灯片母版视图中。除此之外，用户也可以单击"幻灯片母版"选项—"编辑母版"组—"插入幻灯片母版"按钮来插入一个幻灯片母版，并自定义该母版的外观。

若演示文稿中所有套用某种幻灯片母版格式的幻灯片已被删除，则可以将该幻灯片母版删除。只需在幻灯片母版视图下，选中要删除的幻灯片母版，按下键盘上的 Delete 键即可，在删除幻灯片母版的同时，下方的 11 张版式母版也自动删除。

（5）设置幻灯片母版实例

现介绍制作一个知识竞赛的母版，并将其存储为 PowerPoint 模板。

①制作幻灯片母版。新建一个空白演示文稿，单击"视图"选项卡—"母版视图"组—"幻灯片母版"按钮，进入幻灯片母版视图，如图 4-137 所示，在左侧窗格中选中第 3 张到第 11 张幻灯片，将其删除。选中左侧窗格中第一张最大的幻灯片，在"幻灯片母版"选项卡中设置其"背景样式"为一张图片，并在该幻灯片的左上角添加党徽图片，右上角添加学校的校徽校名图片，幻灯片母版制作完毕。

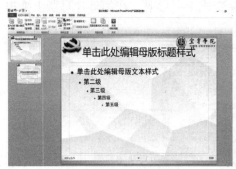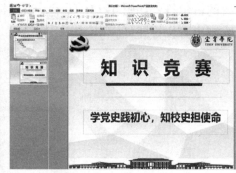

图 4-137 图 4-138

②制作标题幻灯片的版式母版。在图 4-137 所示的左侧窗格中选中第二张较小的幻灯片，即标题幻灯片的版式母版。通过"插入"选项卡—"插图"组—"形状"，在幻灯片中间上方插入一个红色长方形。再在幻灯片底部插入一幅校门抠图图片，在"图片工具格式"选项卡中设置其"图片样式"为"映象圆角矩形"。调整标题占位符及副标题占位符的位置，标题占位符内输入"知识竞赛"，副标题占位符内输入"学党史践初心，知校史担使命"。进一步调整标题占位符及副标题占位符内输入的文本格式，通过"开始"选项卡，设置标题占位符中文本的字体格式为微软雅黑、加粗、72 磅，副标题为楷体、44 磅。设计完毕后的效果如图 4-138 所示。

③使用自己创建的幻灯片版式新建幻灯片。在"幻灯片母版"选项卡上，单击"插入版式"按钮，左侧窗格中出现自定义版式幻灯片，如图 4-139 所示，在左侧窗格中指着该幻灯片右击鼠标键，在弹出的快捷菜单中选择"重命名版式"，将该版式命名为"竞赛内容"。最后效果如图 4-140 所示。

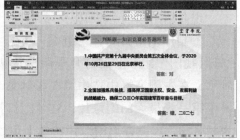

图 4-139 图 4-140

继续制作其他幻灯片。单击"开始"选项卡—"新建幻灯片"右侧的三角形按钮，弹出版式列表如出图 4-141 所示。这些版式就是前面我们创建的

2 种版式，选择其中的一种版式，在占位符中单击输入自己需要的文本。以相同的方法插入新幻灯片、选择版式、在占位符中输入文本或向幻灯片插入其他对象，完成演示文稿的制作，如图 4-142 示，本例中只做了 2 张幻灯片。

将演示文稿保存为"学党史践初心，知校史担使命——知识竞赛 .pptx"。

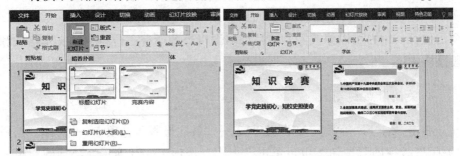

图 4-141　　　　　　　　　　　　　　图 4-142

④将制作好的母版保存成模板或主题。制作好的母版可以保存成一个模板，以便于新建演示文稿使用。例如将图 4-139 中的所有幻灯片删除，只保留母版信息，执行"文件"—"另存为"命令，在弹出的对话框中选择保存类型为"PowerPoint 模板（ *.pot ）"，文件名取名为"党史——知识竞赛模板"。以后则可以利用自己创作的模板新建演示文稿。

2. 讲义母版

讲义母版用于控制幻灯片按讲义形式打印的格式。单击"视图"选项卡—"母版视图"组—"讲义母版"，打开讲义母版，如图 4-143 所示。通过"讲义母版"选项卡上的命令按钮，可以设置一页中打印的幻灯片的数量（可以是 1、2、3、4、6、9），也可以进行页面设置、页眉页脚格式设置等。

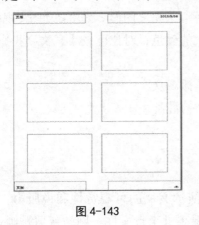

图 4-143　　　　　　　　　　　　　　图 4-144

3.备注母版

备注母版用于控制幻灯片按备注页形式打印的格式。依次单击"视图"选项卡—"母版视图"组—"备注母版"按钮，打开备注母版，如图 4-144 所示。在备注母版中包括页眉、页脚、幻灯片缩略图、日期、正文、页码 6 个占位符。用户可以修改除幻灯片缩略图以外的所有占位符中的文本格式和段落格式。

4.关闭母版视图

单击"幻灯片母版"—"讲义母版"—"备注母版"选项卡—"关闭"组—"关闭母版视图"按钮。也可单击"视图"选项卡—"演示文稿视图"组—"普通视图"按钮，返回到普通视图。

注意：网上下载的字体模板存放到电脑 C 盘 Fonts 文件中，也可网上下载模版。

第二节　演示文稿的制作与编辑

一、编辑原则

1.内容字号 18 磅以上，28 磅较为合适，标题字号 36 磅以上。

2.单张文字内容精炼、简洁；文字较多，看起来累，也看不清；需展示较多文字，可多页或动态展示。

3.接受信息难易的方式依次是：文字＜表格＜图形＜图片＜动图＜视频。

4.文字与其背景应使用对比度较大的颜色；对比度较小，文字投影到屏幕上时容易使观众看不清。

5.图、文、音视频结合使用，能紧抓观众。

6.要有清晰的内容逻辑线，避免结构混乱。

7.插入视频与音频的相关操作。

二、在幻灯片中插入视频

为了辅助表达讲解的内容，提高演示文稿的可观赏性和说服力，可以向演示文稿中插入一段视频。插入的视频可来自文件、网站或剪贴画视频。

PowerPoint 支持扩展名为 .wmv、.asf、.avi、.mpeg 等多种格式的视频文件。

1. 插入视频

向幻灯片中插入视频的方法如下。

（1）普通视图下，选定要插入视频的幻灯片。

（2）执行"插入"选项卡—"媒体"组—"视频"按钮。

（3）在弹出的下拉菜单中选择"文件中的视频""来自网站中的视频"或"剪贴画视频"中的一项。

若选择"文件中的视频"项，将弹出"插入视频文件"对话框，在该对话框中选择一个视频文件即可；若选择"剪贴画视频"项，将弹出"剪贴画"任务窗格，在这个窗格中将列出一些 gif 动画，选择一项单击即可。

2. 设置视频播放选项

对于插入到幻灯片中的视频，可以对其编辑和设置视频效果选项，如剪裁视频、设置何时开始播放视频、是否循环播放、是否全屏播放、调整播放音量，等等。这些都可以在"视频工具"下的"播放"选项卡中进行设置，如图 4-145 所示。

图 4-145

"开始"下拉列表用于设置视频的开始方式，可选择"自动"或"单击时"两种方式。如图 4-146 所示。

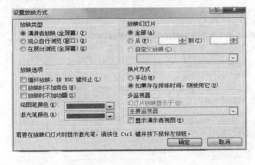

图 4-146

图 4-147

"剪裁视频"用于从插入的视频文件中截取一部分视频，这在视频文件比较长、却只需要中间的少部分内容时，比较有用。现介绍剪裁视频的方法：（1）在幻灯片上单击选中视频对象。（2）单击"视频工具"下的"播放"选项卡—"剪裁视频"按钮，将弹出"剪裁视频"对话框，在该对话框中，通过设置"开始时间"和"结束时间"来截取一段视频；也可通过手动拖动播放进度条上的开始与结束滑块来截取一段视频，如图 4-147 所示。

第三节　演示文稿与其他类型文件的转换

一、将 PPT 做成视频

录制幻灯片演示：PowerPoint 2010 的一项新功能，该功能可记录每张幻灯片的放映时间、并且允许用户使用麦克风为幻灯片添加录音旁白或使用激光笔为幻灯片加注释，从而使演示文稿脱离演讲者自动演示和解说。

录制幻灯片演示的操作方法如下：执行"幻灯片放映"选项卡—"设置"组—"录制幻灯片演示"，并在出现的下拉菜单中选择"从头开始录制"或"从当前幻灯片开始录制"项。如 4-148 所示。

在"录制幻灯片演示"对话框中，选中"旁白和激光笔"及"幻灯片和动画计时"复选框，并且单击"开始录制"。

在控制幻灯片播放的过程中，用户可以在需要添加解说或旁白的地方使用麦克风录音。

操作结束后，自动保存放映计时及幻灯片上添加的旁白，并返回到幻灯片浏览视图。

为幻灯片添加的旁白将被嵌入到幻灯片中，在幻灯片浏览视图或普通视图下，可以看到幻灯片的右下角有一个音频图标。

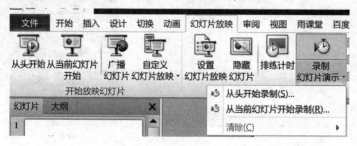
图 4-148

二、PPT 中导入 Word 文档

打开 Word 素材文件，"文件"—"选项"—打开 Word 选项对话框设置完成，点击文档左上角增加的图标，实现 Word 转换为 PPT。

第四节　放映演示文稿的技巧与策略

一、提前调试，避免出现与学校电脑不兼容的情况。

二、幻灯片的播放如果需要在一时间出现多个项目的，可以选择前面一个的播放时间延迟。

三、向下兼容，高版本可以打开低版本，反之则不行。

四、去掉超链接下划线

做 PPT 时，为了让 PPT 更加美观，有超链接时，带有下划线的超链接会影响美观，要去掉下划线就会更好看，操作方法是：找到要设置无下划线的超链接——选中文字，右键点击选择"取消超链接"——取消超链接后，选中文字边框——选中边框点击右键，找到"超链接"点击——弹出一个选择器，找到要链接的对象，选中，点确定，无下划线的超链接就完成了。如图 4-149 所示。

图 4-149

五、调用常用功能区

常用功能区调用方法：在各菜单下方空白处单击鼠标右键，勾选功能区最小化即可出现。如图 4-150、图 4-151 所示。

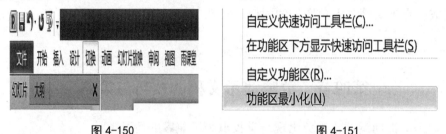

图 4-150   图 4-151

第五节　打印演示文稿

在 PowerPoint 中可以将制作好的演示文稿打印出来，以方便演讲者使用或分发给观众查看。打印时可以指定是打印幻灯片，还是打印大纲、备注或是讲义；还可以指定是打印当前幻灯片还是所有幻灯片，每页打印多少张幻灯片，打印的颜色是怎样等。

1. 页面设置

在打印演示文稿之前，有必要对打印页面的大小、方向和幻灯片起始编号等进行设置。单击"设计"选项卡—"页面设置"组—"页面设置"按钮，弹出"页面设置"对话框，如图 4-152 所示，在其中设置幻灯片的大小、方向等。

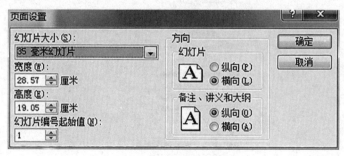

图 4-152

2. 打印设置

单击"文件"文件选项卡—"打印"命令，在打印选项设置区中可以对打印的范围、打印的内容等进行设置，并且在右侧的预览框中可以观看到设置的效果，如图 4-153 所示。

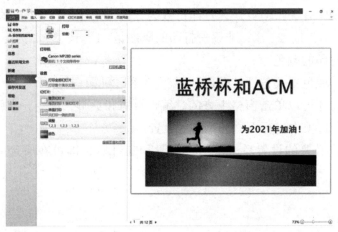

图 4-153

（1）份数

指定打印的份数，即副本数。

（2）打印机

在下拉列表框中选择希望使用的打印机。

（3）打印范围

打印范围主要包括 4 个选项："打印全部幻灯片""打印所选幻灯片""打印当前幻灯片"和"自定义范围"。若选择"打印所选幻灯片"项，则应在执行该操作之前在幻灯片浏览视图或普通视图下选择一张或多张需要打印的幻灯片；若选择"自定义范围"，则需要在下方的"幻灯片"文本框中输入各幻灯片的编号或范围，如：1，3，5-12。

另外，还可指定是否打印隐藏的幻灯片。

（3）打印内容

打印内容主要包括如下几个选项。

整页幻灯片：一页打印一张幻灯片。

备注页：每页除了打印一张幻灯片外，还包括幻灯片的备注信息。

大纲：打印演示文稿的大纲，只包括标题占位符、内容占位符、文本占位符中的文字，一页可打印多张幻灯片的大纲内容。

讲义：一页可打印多张幻灯片（1、2、3、4、6、9张），还可指定多张幻灯片的排列布局格式。

（4）逐份打印

选择"调整"项，表示逐份打印；选择"取消排序"项表示非逐份打印。若演示文稿中有3张幻灯片，打印份数为2份，则逐份打印的幻灯片编号顺序是1、2、3、1、2、3；非逐份打印的顺序是：1、1、2、2、3、3。

（4）打印的颜色

打印的颜色主要包括"颜色""灰度"和"纯黑白"。

另外，还可以单击窗格下方的"编辑页眉和页脚"命令，在弹出的"页眉和页脚"选项中进行页眉和页脚的设置。

当完成必要的设置后，单击"打印"按钮，即可在所选的打印机上开始打印。

第六节　演示文稿的输出

一、将演示文稿输出为视频

PowerPoint 2010 中，演示文稿制作完成后，默认保存扩展名为 .pptx 的文档。也可以使用"另存为"命令将演示文稿保存成 .ppt、.pdf、.xml、.wmv 等多种格式的文件。为了对保存选项进行设置并保存成其他格式的文件，可以使用"文件"选项卡下的"保存并发送"命令。

单击"文件"选项卡—"保存及发送"—"文件类型"—"创建视频"命令，右侧窗格出现创建视频的说明，根据播放要求设置"放映每张幻灯片的秒数"之后单击"创建视频"按钮，演示文稿将导出为视频，默认格式为 .wmv，如图 4–154 所示。

图 4-154

二、演示文稿的打包

很多情况下，用户要将自己制作好的演示文稿（*.pptx）拷贝到其他计算机上去放映，但有可能遇到这种情况，对方计算机上没有安装 PowerPoint 2010，致使演示文稿无法打开；或者遇到安装有 PowerPoint 2010，但在播放幻灯片时各种链接文件找不到，致使演示文稿播放不正常；还可能遇到，自己计算机上显示正常的字体，拷贝到其他计算机上时，这些字体完全变了样等情况。遇到这些情况时，我们可以使用 PowerPoint 2010 的打包功能。

这里的打包，指的是使用 PowerPoint 打包命令，将演示文稿及其所链接的音频、视频和其他文件等组合在一起，形成一个文件夹，放置到磁盘上或一张可写入的 CD 光盘中。

在这个打包文件夹中还包括了一个名为 PresentationPackage 文件夹，它提供了下载 PowerPoint 播放器的方法，以便打包成功的演示文稿在没有安装 PowerPoint 2010 的计算机上播放；打包嵌入的 TrueType 字体会随着演示文稿保存，以确保没有安装这种 TrueType 字体的计算机上能够正常显示。

打包方法如下：

1. 打开一个要打包的演示文稿，如"学党史践初心，知校史担使命"主题党日活动 .pptx。

2. 单击"文件"选项卡—"保存及发送"—"文件类型"—"将演示文稿打包成 CD"命令，并在右侧单击"打包成 CD"按钮 ，弹出"打包成 CD"对话框，如图 4-155 所示。

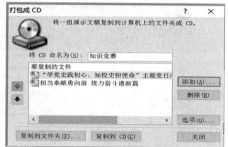

图 4-155   图 4-156

（1）"将 CD 命名为"文本框，用于键入打包后的文件夹名。

（2）"添加"按钮和"删除"按钮

单击"添加"按钮，可添加其他一同打包的 PowerPoint 演示文稿或 Word 文档、文本文件等。添加后的效果如图 4-156 所示。

单击"删除"按钮，可将"要复制的文件"列表框中选中的文件删除。

（3）"选项"按钮

单击"选项"按钮，打开"选项"对话框，如图 4-157 所示。在该对话框中可以指定打包时是否包含"链接的文件"和"嵌入的 TrueType"字体。链接的文件主要包括以链接方式插入到演示文稿中的音频文件、视频文件、Microsoft Office Excel 工作表、Microsoft Office Excel 图表、Microsoft Office Word 文档等，以及某些超链接的目标文件。值得注意的是，选中"链接的文件"后，链接文件是不会显示在"要复制的文件"列表框中的。

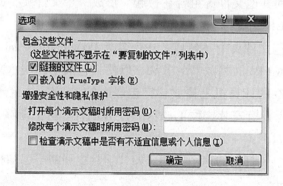

图 4-157

如果在演示文稿中使用了一些特殊的字体，但其他计算机上可能没有的话，为了保证这种字体在其他计算机上正常显示，需要执行"文件"选项卡—"选项"命令，在弹出的"PowerPoint 选项"对话框的左侧窗格中单击

"保存"项，并在右侧窗格中选中"将字体嵌入文件"选项。

　　另外，为了增强文档的安全性，还可以设置打开演示文稿及修改演示文稿的密码。

　　设置好打包选项后，单击"确定"按钮，返回到"打包成 CD"对话框。

　　（4）"复制到文件夹"或"复制到 CD"

　　单击"复制到文件夹"按钮，将指定的内容打包成一个文件夹放置到计算机的硬盘或可移动磁盘上。

　　若希望打包成 CD，则事先应将空白的可写入 CD 放入刻录机或具有记录功能的 DVD 驱动器中，然后单击"复制到 CD"按钮，开始刻录。

　　需要指出的是，在 PowerPoint 2010 中，图片、音频文件、视频文件默认都是以嵌入的方式插入到演示文稿当中的，所以只要以嵌入方式插入的这些文件在 PowerPoint 2010 环境下不用打包也可以正常播放。

第八章 CNKI 操作

第一节　总库平台新特性

CNKI[①] 是中外文文献统一平台（学名），也称全球学术快报 2.0（商品名）。平台的总体设计思想是，让读者在"世界知识大数据（GKBD）"[②] 中能够快速、精准、个性化地找到相关的优质文献。平台的新特性主要表现在以下方面。

1. 深度整合海量的中外文文献，如期刊、学位论文、会议论文、报纸、年鉴、专利、标准、成果、图书、古籍、法律法规、政府文件、企业标准、科技报告、政府采购等资源类型。

2. 持续完善中英文统一主题检索功能，构建中外文统一检索、统一排序、统一分组分析的知识发现平台，打造兼顾检全、检准和新颖权威的世界级检索标准。

3. 完善检索细节，如一框式检索、高级检索支持同一检索项内输入 *、+、-、''、""、（）进行多个检索词的组合运算；完善及新增多项智能引导，包括主题、作者、机构、基金、期刊等检索引导。

4. 创新多维度内容分析和展示的知识矩阵，通过多维分组、组内权威排序、分组项细化实现中英文文献的精准发现、权威推荐。

5. 新增个人书房，具备收藏文献、保存历史、主题定制、引文跟踪、成果管理等个性化功能，实现网络版与手机版用户数据的跨平台同步。

6. 新增个性化推荐系统，集我的关注、精彩推荐和热门文献于一体，版面占据总库平台及各单库的首页面，我的关注与个人账号关联，满足用户个性化需求。

---

① https://www.cnki.net/
② 同上。

第二节　具体的操作

一、登录 / 注册入口

新版总库平台已发布，访问地址：https://www.cnki.net。导航条如图 4-158 所示。

图 4-158　导航条

登录页面：导航条下方直接弹出登录窗口，包括普通登录和 IP 登录，以及使用合作网站账户登录。通过学校首页的"智慧校园"或者"图书馆"，用自己的学号和密码即可登录。如图 4-159 所示。

图 4-159　导航条登录

二、两种检索方式

第一种方式：一框式检索

（一）一框式检索特点

将检索功能"浓缩"至"一框"中，根据不同检索项的需求特点采用不同的检索机制和匹配方式，体现智能检索优势，操作便捷，检索结果兼顾检全和检准。

（二）操作方式

在平台首页选择检索范围，下拉选择检索项，在检索框内输入检索词，点击检索按钮或键盘回车，执行检索。见图 4-160。

图 4-160 一框式检索操作方式

（三）检索项

总库提供的检索项有：主题、篇关摘、关键词、篇名、作者、第一作者、通讯作者、作者单位、基金、摘要、小标题、参考文献、分类号、文献来源等。

1. 主题检索

主题检索是在 CNKI 通过主题字段进行检索，该字段内容包含一篇文章的所有主题特征，同时在检索过程中嵌入了主题词表、中英对照词典、停用词表等工具，并采用关键词截断算法，将低相关或微相关文献进行截断。

2. 篇关摘检索

篇关摘检索是指在篇名、关键词、摘要范围内进行检索，具体参见篇名检索、关键词检索、摘要检索。

3. 关键词检索

关键词检索的范围包括文献原文给出的中、英文关键词，以及对文献进行分析计算后机器标引出的关键词。机器标引的关键词基于对全文内容的分析，结合专业词典，解决了文献作者给出的关键词不够全面准确的问题。

4. 篇名检索

期刊、会议、学位论文、辑刊的篇名为文章的中、英文标题；报纸文献的篇名包括引题、正标题、副标题；年鉴的篇名为条目题名；专利的篇名为专利名称；标准的篇名为中、英文标准名称；成果的篇名为成果名称；古籍的篇名为卷名。

5. 作者检索

期刊、报纸、会议、学位论文、年鉴、辑刊的作者为文章中、英文作者；专利的作者为发明人；标准的作者为起草人或主要起草人；成果的作者为成果完成人；古籍的作者为整书著者。

6. 作者单位检索

期刊、报纸、会议、辑刊的作者单位为原文给出的作者所在机构的名称；学位论文的作者单位包括作者的学位授予单位及原文给出的作者任职单位。

7. 摘要检索

期刊、会议、学位论文、专利、辑刊的摘要为原文的中、英文摘要，原文未明确给出摘要的，提取正文内容的一部分作为摘要；标准的摘要为标准范围；成果的摘要为成果简介。

8. 参考文献检索

检索参考文献里含检索词的文献，支持参考文献检索的资源类型包括：期刊、会议、学位论文、年鉴、辑刊。

9. 文献来源检索

文献来源指文献出处。期刊、辑刊、报纸、会议、年鉴的文献来源为文献所在的刊物；学位论文的文献来源为相应的学位授予单位；专利的文献来源为专利权利人／申请人；标准的文献来源为发布单位；成果的文献来源为成果评价单位。

（四）结果中检索

结果中检索是在上一次检索结果的范围内按新输入的检索条件进行检索。输入检索词，点击"结果中检索"，执行后在检索结果区上方显示检索条件，如图 4-161 所示。

检索范围：总库　　主题：人工智能 ＞ 文献来源：电脑知识与技术　×　　主题定制　检索历史

图 4-161　结果中检索

第一次检索主题为"人工智能"的文献，在此结果中检索文献来源为"电脑知识与技术"的文献。点击最后的 ×，清除最后一次的检索条件，退回到上一次的检索结果。

第二种方式：高级检索

（一）高级检索入口

在首页点击"高级检索"进入高级检索页（见图 4-162），或在一框式检索结果页点击"高级检索"进入高级检索页（见图 4-162）。

图 4-162 高级检索入口（1）　　　　图 4-162 高级检索入口（2）

高级检索页点击标签可切换至高级检索、专业检索、作者发文检索、句子检索，如图 4-163 所示。

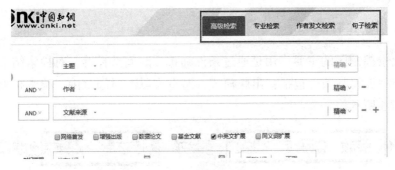

图 4-163　高级检索页

（二）高级检索的特点

高级检索支持多字段逻辑组合，并可通过选择精确或模糊的匹配方式、检索控制等方法完成较复杂的检索，得到符合需求的检索结果。多字段组合检索的运算优先级，按从上到下的顺序依次进行。

（三）检索区

检索区主要分为两部分，上半部分为检索条件输入区，下半部分为检索控制区。

1.检索条件输入区

默认显示主题、作者、文献来源三个检索框，可自由选择检索项、检索项间的逻辑关系见图 4-164，点击检索框后的 +、- 按钮可添加或删除检索项，最多支持 10 个检索项的组合检索。

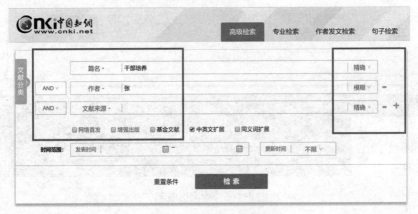

图 4-164　检索条件输入区

2.检索控制区

检索控制区的主要作用是通过条件筛选、时间选择等，对检索结果进行范围控制。控制条件包括：出版模式、基金文献、时间范围、检索扩展。如图 4-165 所示。

图 4-165　检索控制区

检索时默认进行中英文扩展，如果不需要中英文扩展，则手动取消勾选。

（四）检索区的收起展开

高级检索执行检索后，检索区只显示第一行的检索框，以缩减检索区空间，重点展示检索结果，点击展开按钮即显示完整检索区。

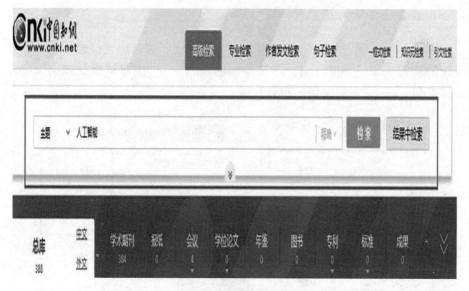

图 4-166　检索区收起

三、检索结果

（一）按资源类型查看文献

横向展示总库所覆盖的所有资源类型，总库检索后，各资源类型下显示符合检索条件的文献量，以突显总库各资源的文献分布情况，可点击查看任一资源类型下的文献。

图 4-167　按资源类型查看文献

（二）按中文、外文筛选文献

点击"中文"或"外文"，查看检索结果中的中文文献或外文文献。点击"总库"回到中外文混检结果。

图 4-168　按中文、外文刷选文献

（三）单库检索

当选中某单库时，上文检索区为该单库的检索项。例如，选中"学术期刊"，检索项为主题、期刊名称、DOI 等，见图 4-169。

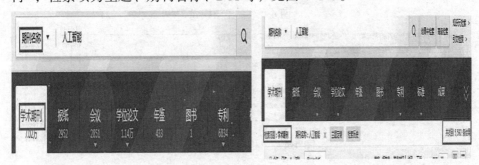

图 4-169　单库检索

（四）检索条件显示

检索结果区左上方显示检索范围和检索条件，并提供查看检索历史、检索表达式的定制功能。

图 4-170　检索条件

点击"检索历史"，可查看检索历史，在未登录个人账号的情况下可查看最近的 10 条记录。在检索历史页点击检索条件，可直接查看检索结果。

（五）显示模式

检索结果的浏览模式可切换为两种。一种是详情模式，详情模式显示较为详细的文献信息，可通过浏览题录信息确定是否为所查找的文献。详情模式的页面布局分为两个部分，左半部分为题录摘要区，右半部分为操作功能区。另一种是列表模式。列表模式简洁明了，便于快速浏览和定位。列表模式以列表形式展示检索结果，提供文章题名、作者、来源、发表时间、被引频次、下载频次等关键信息，同时也提供下载、阅读等功能，操作及跳转规则与详情模式相同。

图 4-171　显示模式

图 4-172　检索结果详情模式

图 4-173 检索结果列表模式

（六）在线阅读：选中的一篇文献的在线阅读

如图 4-174 所示。

图 4-174 HTML 阅读

四、文献下载

点击 ⬇ 按钮下载，选择存放地址，便于随时查阅。如图 4-175 所示。

图 4-175

第五部分　优秀学生干部成长分享

分享一：那些年，那些事，那些成长

2015—2016 年　任团总支副书记　龚凤娟　现在宜宾学院工作

2012 年，我跨进了大学这扇门，犹记得那是一个天朗气清的日子，太阳抓住 9 月的尾巴不放，还大咧咧地挂在空中。当时的班助见到我很激动，感叹我终于报道了，因为我是班上倒数第 2 个报道的学生。可想而知，我没能跟班上的同学们住在一个寝室，从此开始了我混合寝室之旅，开始了我大学大部分时光独自上下课之路。

由于专业的原因，我们班在经历残酷的军训后，在我还没有认识大部分人时，班级人员开始严重缩水，最后总共 17 个同学。一个班，17 个人，开始了大学四年的学习时光。大家跌跌撞撞、相互帮助、共同努力，携手走完了大学四年，在班主任老师的带领下，班级获得过"优秀班集体"和"模范班集体"称号。

在这样一个班级中的我，在各位恩师和一些师兄师姐的帮助下，成长很多，收获颇多，见识不凡。大一刚进校，我最初的想法是修第二专业。偶然在一次专业课上，跟老师聊到这个想法，老师给我的建议是最好集中精力在本专业上，准备考研。在认真思考过后，我接受了老师的建议，并做好了大四备考的心理准备和安排。此后，我一边按部就班地继续努力学习，另一边在我喜欢的一些部门锻炼自己。也很庆幸自己有丰富的学生干部经历，增长了我的见识。一则在学校从以前勤工助学管理服务中心秘书处干事出发，到秘书处副秘书长，最后经历部门整合到自培部部长；二则在计算机学院从以前生卫部小小的干事开始，到部门负责人，到计算机学院团副。

一、青涩懵懂，满怀憧憬的大一

刚入学不久，在还没有搞清楚大学校园是什么样的时候，各个部门、社团的招新活动就开始了。那时的我，反应比别人要慢一些，眼见着身边的同学纷纷报了各种各样的部门，我开始思考自己想要加入什么部门。在班级我选择当一名劳动委员，在学院加入了生卫部。为了能够更好地了解劳动委员的工作，我还选择加入了那时的教管会，此后在组长的带领下，开始了教管会的工作。

还记得是在四舍出来转弯的玉兰大道上，恰巧遇到了勤助的师兄师姐们摆着桌子在招新，好奇心驱使我走过去了解，之后我选择参加部门的面试，然后顺利加入了勤助这一大家庭。

大一是什么都不懂的年级，是需要牢固学好专业知识但是又锻炼好自己的阶段，在这几个部门，遇到了在学生干部环节肯教我的老师和师兄师姐，感觉自己很庆幸。

或许那时的自己还是有些心有不甘，也或许是家离学校不远，基本每周都要回家，更或许是寝室里没有同班同学但也都是学习认真的人，因此刚进大学的我并没有像有的同学那样肆意玩耍，就这样自己认真上好该上的课程。虽然现在已经不记得那些公共课到底学了什么，但还记得那时跟室友一起在寝室做题，记得在寝室、教室和图书馆里面完成各种各样的作业。

大一下期将面临是否继续留任学生干部这一抉择，最终我选择了留在计算机学院学生会，继续留在生卫部这一岗位上，当年的想法是要将这件事做实、做透。选择留下来原因之一是我坚持一个原则，没有在别人所在位置坚持过，没有体会过这个岗位的艰辛和不易，就没有资格对别人所做的工作评头论足。校级层面，我选择了留在勤工助学管理服务中心秘书处。

一直以来我想成为一名共产党员，进入大学后也比较关注这件事情，大一主动报名参加了学校入党积极分子培训，争取向党组织靠拢。

二、奋发图强，踌躇满志的大二

跨入大二，我的角色有了一定的转变，所知晓的事情更全面，所学习的内容更深入。大二开学，作为学生干部的我迎来了两件大事——迎接新生和部门招新。接到新生时，听到别人叫我学姐，突然感觉自己多了一份责任，这是一份带领学弟学妹的责任。

很快部门招新就开始了，所幸我在的两个部门招新的结果都还不错。我能够一直在学生干部岗位坚持下去，得益于大二这一阶段勤助的一位师兄跟我们交流时说过"在其位，谋其政"这一句话，并嘱咐我们不管在哪个岗位，只要自己做了这样一个选择，那在自己的岗位上就要认真、负责。此后在学生干部岗位上待得越久，感觉责任就越大，对这句话的理解也就更透彻。

回想在生卫部这一岗位上，为了改善当时的状况，我思虑颇多。或许当时改变不大，但我尽力做了我能做到的，并给后续的师弟师妹们留下了可借鉴之法，我想这便是我应该做的，也是我的收获。

大二年级，也会面临专业课增多、需要花费更多精力的状况。我一直秉持着学习不能放松的理念，不管是专业课、公共课还是选修课，都合理安排好学习时间，力争做到三者平衡。那时跟着老师学习拍摄，奔波在学校的各个角落，甚至是校外的很多地方，感觉是一件很开心的事情。

大二的我对学校更熟悉一些了，除了学习和学生干部工作，其余空闲时间也安排得满满当当。还记得大二时我带领部门成员参加了学院组织的晚会，几个基本上没有舞蹈功底的人不断地在老图书馆、操场练习基本功和舞蹈动作。

经过入党积极分子培训，再加上各项考核合格，2013 年 10 月底我很荣幸地成了一名预备党员，进一步靠近党组织并接受组织的考验。

三、大展宏图，志得意满的大三

时间如白驹过隙，眨眼间我就成了大三学子。我选择继续留在计算机学院团总支学生会，一方面是想进一步锻炼自己，另一方面也确实是想着自己能够给团总支学生会带来一些改变。这一年与团总支学生会的老师们接触更多，在她们身上，我看到并进一步学习到了从容、严谨与认真。在团总支学生会老师们亲切、耐心的教导下，我们主席团的小伙伴们对学生干部工作越来越熟悉，也更加得心应手。大三既是经历学生干部工作最熟悉的阶段，也是慢慢学会将这些工作交给师弟师妹们的时期。

大三时期在专业课老师的带领下，开始涉及本专业的一些比赛。现在看来，以前对这一部分的意识还是稍晚，准备得也比较晚。但是很庆幸，虽然成绩不是特别优异，却也终是有所涉猎，有所经历。

考研在我规划范围内，大三开学不久看着身边同学纷纷开始准备时，我也担心自己起步晚。转念一想，当时的情况下也不可能沉下心进行复习，那就在这个时间段做该做的事情，复习的时候全力以赴。到了大三后期，我一边慢慢放下团总支学生会的学生工作，一边着手开始准备考研事宜。大三结束的那两个月的暑假，与既是室友又是研友的伙伴一起奋斗的日子，成了我们共同难忘的回忆。

大三，我也顺利地成为一名共产党员。

四、如愿以偿，各奔东西的大四

时光不快不慢地，终是走到了大学阶段的最后，我也成了毕业生。大四所有学生都必经的一个环节——实习也拉开了序幕。很不巧的是，被安排的实习地点超乎了我的想象。最开始感觉跟我备考有些冲突，但后来转念一想，在哪里复习都是复习，也没有什么关系，还能多一份经历，保持心态更重要。就这样，我一边实习一边备考，考试时间也进入倒计时，这样平淡、有序又紧张的日子到考研结束画上了句号。

我们专业在大四有一点不一样。一般专业大四年级都没有开设课程，我们终归不一般。却也不得不感谢老师在大四年级安排的这样一门课程，为我们后期毕业论文做了很多铺垫，使得我们不至于纠结于繁杂的论文格式，能够顺利地完成论文撰写。

记得得知考研结果之前尚不能安心准备复试，得知结果之后虽然能安心，但时间的确有点紧张。还好这一路在各位老师和师姐们的指点下，走得比较顺畅。

大四的最后，是跟老师、室友以及同学们的别离，心中既有分别淡淡的不舍，也有对新生活、新阶段的向往。大家开始三五成群拍摄各种各样的照片以作纪念，开始各种各样的聚会以作告别。

大学生其实不可避免地要做一些兼职，兼职本来是一份既锻炼自己又能赚点小钱的好事，但眼见着身边有的同学为了兼职，学习被落下，心里还是不敢苟同。我在大学期间也尝试过多种兼职，一是想体验不同工作经历，二是想要自给自足，三是多了解了解社会。但是我兼职基本选择是在假期，不会选择学校上课期间。当然做兼职需要注意安全，提高警惕，防患于未然。

时光荏苒，岁月如梭，就在这样忙碌又有序的节奏中，我度过了整个大学时期，每一个年级都在不断地转换角色，不断学习新的知识和经验。在大学四年期间，我多次获得奖学金，并获得了"四川省优秀毕业大学生""优秀共产党员""优秀青年志愿者"等称号，分别考取了普通话、计算机和英语等级证书。

大学四年这样过去，回顾过往，思考自己在各位老师的带领下都在哪些方面有所成长，我悟出了几点。

一是眼光放长远，及时确定目标，做好短期和长期规划，在各个时期做该做的事情。比如大部分同学知道大四年级应该要找工作，有的同学实实在在地到了大四才开始思考、准备，却突然发现慢了别人一步。因此，建议大家不妨将规划前置，这样才有时间将规划做细，才更游刃有余。我从大一开始就明确要考研，大二下学期决定留在团总支学生会当学生干部时也犹豫过，担心学生工作会影响我的复习，后来转念一想，复习的整体时间还是比较充裕，复习时做好规划也还是可以完成。于是大三时，我的主要精力放在了专业课学习和学生干部工作两方面。大三结束后，我才将所有精力投入到复习中，利用暑假的时间抓紧复习。那时也未曾料想，大四开学的实习和大四时我们需要学习新的课程。因此暑假结束后，根据实际情况我调整了复习方式和计划。

二是认真、踏实地做好事情，做人不骄不躁。从大一开始，我就在勤工助学管理服务中心办公室值班，那时候还需要人工审核贫困建档事宜，在办公室老师们和师兄师姐的带领下，我学会了做事认真、仔细，做人不骄不躁。现在依然还能记得，那些我们一起审核贫困建档、助学金等事宜的日子。大三时，由于角色的变化，需要处理的事情变多，刚开始还是有点手忙脚乱，之后在计算机学院办公室老师们的带领下，逐渐学习如何处理各类事宜。总的来说，接触新的事情都需要不断地学习，一个人能力不够尚可通过学习补足，但是一个人若精神懒惰，那可能就要等待觉醒。学会沉下心，认真、踏实地做好事情，即使你被沙子掩埋，也终会遇到伯乐并且绽放耀眼光芒。

三是学会统筹兼顾，平衡好学习、工作和生活。就一名学生干部而言，看学生干部这一词，"学生"二字在前，表明首先要做好学生，再做好干部，充分、高效利用学习之余，做好学生干部工作，力争做到两不误。刚进入大学，有的同学没有思考便加入了很多部门，我也曾纠结过，最终衡量了自己的时间，选择了我想要做的事情。

四是做事情要坚持，并且循序渐进。大学四年，对每周日晚雷打不动的班会课印象深刻。四年里，班主任老师带领三个班的班长变着花样地组织开展了许多有意义的活动。这些活动可能在有些同学眼里是麻烦的，但正是通过策划、组织、主持并参与这些活动，使组织者能力得到了更好的锻炼，并不断提升自己，让参与者融入集体，感受到班级的魅力和温暖。

五是学会在忙碌而充实的生活中停下脚步，尝试进行自我反思，不断调节自我心态。进入大学一段时间后，有空闲时间我开始比较初中、高中以及当时的自己，发现各个阶段的我的状态差异，直接导致了不同的学习效果。此后每隔一段时间，我喜欢找个安静的地方，听着静静的音乐，回想这段时间自己在学习方面、在学生干部工作方面、在与人交流方面是否有需要改进的地方，是否有能做得更好的地方，不断调整自己的状态。

六是做好充足准备，学会把握机会。虽然总有人说计划赶不上变化，可是有计划却可以在变化中找回正确的方向。有计划如同我们前行路上的灯塔，可以让人做好充分的准备，在变化中修正计划才是正确之道，这样才能更好地做好准备。随时做好准备，把握住适当的时机，锻炼自己，展示自己。

大学生活多姿、多彩，却也多迷惑、多迷茫，这是不同人对大学四年不同的感受。其实这不只是大学生活，更是我们人生的写照，我的感受概括为：路漫漫其修远兮，吾将上下而求索；迎高潮而快上，乘顺风而勇进；处低谷而力争，受磨难而奋进。希望与大家共勉。

分享二：一路前行 一路成长

2017—2018 年　任团总支书记助理　张力夫　2019 年考取选调生

时光荏苒，转眼间，我参加工作已有一年时间。回顾、审视这段时光，我经历了从学校到基层从学生到国家公务员双重角色的转变。在这人生的巨大转变之中，在领导的悉心关怀下、在同事们的热情帮助下，我在环境中历练，在工作中摸索，在学习中领悟，在自省中提高。

秉承学校"求实、求是、开放、创新"的校训，一年以来，作为一名探索者、实践者，一路前行，一路成长，用自己的汗水筑梦基层，为群众做实事，践行自己的入党初心。能够有幸回到家乡，参与家乡建设是一件无比光荣的事情。我怀揣着淬炼党性的热情和学无止境的渴望，走进基层，开启了一段难忘的征途。

一、一路上，崇德励学，力学笃行

"沧海横流显砥柱，万山磅礴看主峰。"一个民族只有站在时代思想的顶峰上，才能拨开思想迷雾，认清前进道路。学习是消除本能恐慌的重要途径，母校赋予了我知识储备，在担任学生干部期间，培养了我自主学习、勇于实践的能力。参加工作后，我更是自觉地把学习作为一种政治要求、精神追求、工作责任和生活态度。面临工作中层出不穷的新机遇、新挑战，只有不断加强学习，坚持问题导向和目标导向，强化理论武装，提升专业水平，完善知识结构，加强调查研究，才能适应工作新常态，开创工作新局面。同时，三人行必有我师，从领导干部到基层一线工作者，身边的每一位同志都是我"行走的教科书"，以人为镜，时刻自省，习他人长处补自身短板。"为学之实，固在践履"，用正确的理论来指导工作实践，在实践中不断归纳总结，才能使自己在工作中不失误、不掉队、不落伍，更好地胜任本职工作。

二、一路上，坚守初心，不忘使命

作为一名到基层参加工作的选调生，我有"初生牛犊不怕虎"的冲劲，也有对未知事物的恐惧。刚刚到工作岗位上的时候，是我本领最缺乏的时候，没有基层工作经验和足够的社会经验，"不患无位，患不能也"，那时的我非常担心自己不能胜任工作，不能做好群众工作。但我相信，在"自强不息、至善致远"的精神激励下，坚持不懂就问，虚心求教，就一定能充实和提高自身。

回到家乡建设，回到最需要的基层一线去，我的使命就是紧跟时代号召，勇于担当，敢于攻坚，用一生所学、一腔热血回报给这片养育我的土地。在基层工作的我到了脱贫攻坚的战场上，就直接到了攻坚一线参与工作。经过本人申请，结合工作需要和综合考虑，我成为永兴镇流油村的第一书记，努力践行党的精准扶贫脱贫方针政策，走村入户，摸清情况，宣传政策，积极为结对帮扶户解决实际困难。习总书记曾说："脱贫攻坚任务能否完成，关键在人，关键在干部队伍作风"。扶贫工作无小事，关系到每一名贫困群众的切身利益，容不得半点差错。与贫困群众切身利益相关的工作逐渐把我打磨得谨小慎微、务实高效，患上了"强迫症"、变成了"急性子"。"5+2""白加黑"，加班加点更是工作常态。作为一名选调生，作为一名宜院人，我始终怀着一颗赤诚之心，服务群众，扎根基层，做脱贫攻坚的坚定参与者，做全面建成小康社会的主力军，用行动彰显社会责任。

三、一路上，求真务实，上下求索

"路漫漫其修远兮，吾将上下而求索"，要想成就一番事业，必须从简单的事情做起，从细微之处入手。刚参加工作时，总觉得自己是做大事者，而不屑于去做小事。正是由于这种浮躁的心理，常常不能冷静下来思考一些细节问题，从而不能将工作提升档次，工作质量也无法保证。我始终牢记坚信"天下难事，必作于易；天下大事，必作于细"，并坚定地付诸工作实践。坚持事业为上、责任为重、工作为先，始终保持积极向上的精神风貌和奋发有为的精神状态，始终坚守底线，不越红线，始终保持一股闯劲、一股冲劲、一股韧劲，在自己选择的道路上小步快跑，持续前行。

四、一路上，坚定信念，淬炼党性

乡镇工作虽然职位不高，权力不大，但是古语有云："有德无才办不成事，有才无德坏大事。"要想清清白白为政，踏踏实实做事，首先要堂堂正正做人。在工作中，既要融入进去、打成一片，也要做一朵"出水芙蓉"，自律自爱、慎独慎初。扎根基层，是为了踏踏实实为人民服务，千锤万凿磨炼自我。

参加工作以来，我坚持公私分明、克己奉公，始终坚守好底线、不突破红线，自觉遵守中央八项规定精神，做到不该交的朋友不交，不该吃的饭不吃，不该做的事情不做。"打铁还需自身硬"，"身硬"是为了更好地"打铁"。作为党员干部，不仅要心中有党、心中有民、心中有责，还要心中有戒。只有常存敬畏之心、律己之心，才能头脑清醒、清正廉洁，做到干干净净为人、清清白白干事。强化自律意识，守住行为底线，不把权力当"私器"、不把职务当"特权"、不把纪律当"草人"。我将时刻提升自己，不忘初心勇出发，牢记使命敢担当，为高质量发展贡献全部力量！

四年的大学生生活、一年的工作经历都让我的人生有了质的变化，这些收获将使我受用终生。我深知，自身还有很多不足，我会以时间的积累为载体，用坚定的信心当航标，以实干的激情作动力，不断学习、不断实践、不断进取，努力使自己快速成长起来，做一名合格的选调生。

分享三：每一步都是成长

2016—2020 年 任班级团支部书记 刘沙沙 2020 年考取选调生

时光匆匆，大学四年，它从敲出的一个个代码、做出的一帧帧视频中溜走；它从阅读的一份份文件，策划的一次次活动中溜走；它从同学间的声声欢笑、朋友间的一次次推心置腹中溜走。如今回想起来，令人欣喜的是，这些匆匆时光下所做的一切都成了梦想的种子和前方的路。

我本是一个内心热情但又不善于交际的人。所以在大一的时候，我怀揣着小小的私心竞选了班级团支书，想着以工作上的接触来促进我和同学间的交流，尽快和同学们熟络起来。这也是提高存在感、拒绝成为"小透明"的一种方式吧。尽管团支书的打开方式有些本末倒置，但我深知要做就要做好的道理。不得不说，这份职责在带给我幸福感的同时，也带给了我很多的挑战。第一次团组织生活的突然来临，接收到组织部通知后，稚嫩的我几度怀疑：不会吧！这真是要团支书自己策划一次活动吗？没有老师带？不会吧！然而怀疑是假的，面对才是真的。在紧密课程和新手上路的双重压力之下，我开始三步走的战略：一挤二问三实操。挤出课余时间，问组织部的同学活动要求、请教师兄师姐活动经验。接下来就是实际操作了，搜集资料、做PPT、发活动通知、提前试用设备、正式主持活动……新手上路，手忙脚乱跑完全程。事后总结，不足是PPT讲解有些照本宣科了。不过有了第一次的经验，之后的几次团组织生活就显得从容了许多。成功不是一蹴而就的，在前进的道路上我们既要肯定自己的收获，也要看到不足，加以改正，这样离成功就更近了。

我想，每一个初入大学的孩子都有一个社团梦吧。那里百花齐放，我们可以遇到很多志同道合的伙伴，我们津津有味地交流、分享。出于对摄影的热忱，我加入了摄影爱好者协会，在活动和学习的过程中也做了一些摄影活动幕后的一些小事。

大二的时候我继续担任了班级团支书、在摄影爱好者协会留了干，同时也迎来了自己心目中的高光时刻——按期转为了一名正式党员。关于留任团支书，我心里是做过斗争的，经历了才知道，大学里的团支书和高中时期的团支书工作职责是大相径庭的。到了大学，要负责的是平日里的团内事务、每月至少一次的团组织生活，等等，在这些工作面前，花花世界也只能是浮云了。后来我是怎么说服自己的呢？大概是那强烈的责任心和该死的胜负欲吧。大一的工作经历已经让我慢慢从新手起步，接下来就是支部高速高质量发展的黄金时期，抛去新手熟悉流程的时间，我可以把更多的精力放在如何提高团组织生活的质量上面，多收获一些成就感、多评一些优秀、多赢得几个优团、优团干名额，把支部建设得更好。至于我在摄影协会留干，原因只有一个，我喜欢摄影。和摄影相关的一切，包括组织约拍活动、策划摄影大赛我都乐在其中。关于成为一名正式党员，比起实力，在我身上更多体现的是有着一份幸运吧，我幸运地得到了同学们对我工作的认可，才有了入党的资格。

我只能加倍努力地工作，不辜负大家的厚爱。同时也本着有始有终的态度，大三大四继续担任了团支书一职。一路以来，从新手到"老司机"，关于团组织生活，我也想跟大家交流一些拙见。第一点是黑板报要用心。在我看来，黑板报是一个表明态度的东西。内容丰富、设计美观的黑板报，一方面可以给检查者一个好的印象；另一方面，可以展现组织者对于团组织生活的重视程度，给班级同学作出表率，让同学们一抬头就能感受到此次团组织生活的重要性、规范性，从而严格要求自己。第二点是纪律要严。在我入党以后，不用参加团组织生活，这段时间就空下来了，我刻意去观察了之前每次评分都很高的支部，它们都有一个共同点就是纪律特别好——大家坐姿端正、全神贯注。后来，在我们支部学以致用，效果还是很显著的。第三点是游戏要有趣。可能有的支部会觉得大家在游戏时间积极性不高，有些尴尬，这个时候我们可以考虑丰富游戏类型或者准备一些小奖品来提高大家的积极性。

在所有团员的共同努力下，2016级3班团支部获得了优秀团支部的荣誉称号。

刚进大学的时候，认为大四的学长学姐是一个神秘的群体，没有消息、不见踪影。转眼间，自己也就成了其中的一员。原来这是梦想起飞的一个阶段，有的投身于社会的浪潮中，忙碌工作；有的奋战在图书馆的自习室备考，恨不得扎根在图书馆。而我就是备考大军中的一员。成为学生干部的三年时光里我感受到和同学们交流的快乐，我感受到赠人玫瑰，手留余香的道理。一个又一个表情包的传递、一句句简单的谢谢，在工作中收获了情谊与成就感。于是，成为公务员去想人民之所想，解人民之所需这颗梦想的种子开始萌芽了。在梦想实现的这一天，我想这样的喜悦来源于三点：学习、历练和心态。公务员考试中，毋庸置疑，勤奋刻苦地学习是贯穿始终的，笔试部分我报了一个网课班进行学习，行测题说难不难，比的是思维和速度。所以就算自己会那道题也一定要学习老师的思维，正所谓学以致用，就是要把新学到的思维反复用在题目中，熟练起来，形成定式。而后就是要做好错题总结，每天反思，避免再犯同样的错误。当然除了读有字之书，也要读无字之书，要拒绝两耳不闻窗外事的态度，多看多学多思考。关于历练，我想我得感谢所经历的一切。每一次站在讲台上的主持、演讲、工作汇报，每一场摄影活动的策划在那时看来或许是压力、或许是挑战的经历都变成了滋润梦想的雨露。是它们让我学会了担当、是它们让我逐渐变得自信、不再怯场，是它们让我懂得组织计划、合理安排。说起心态，这让我感触颇深，突如其来的一场疫情打乱了原本有序的一切安排，本是二月底的面试被延迟了四个月。只能保持良好心态，一边听着疫情之下中国青年破茧成蝶、主动担当的故事，一边鼓励自己要坚持下来。终究我没有辜负付出的一切，为大学画上了圆满的句号。

最后我想说：人生的价值，即以其人对于当时代所做的工作作为尺度。时代在前进，我们终将接过前人的接力棒，用使命和担当撑起那个更好的未来。加油吧！中国青年们！

分享四：当时只道是寻常

2017—2018 年 任学生会副主席 王杰 现四川师范大学化学硕士在读

一、序章

2015 年，家父第一次陪同我进入校园，这一天的太阳些许的大，作为寝室第二个到的人，在收拾好行李之后，我便与新认识的伙伴们出去吃饭，当时还不知道，往后四年的人生会是如此的快乐与充满意义。每一个同行的人，我都印象深刻，已经走过的种种仿佛就像昨天一样，历历在目。

岁月如玉需雕琢，莫向悲喜添奈何。人间有许多故事，可回望至今，恰恰是平平淡淡，才添此中真味。唯一的化学与化工学院 2015 级 1 班，35 名同学，男生 15 人，女生 20 人。大家跌跌撞撞、相互帮助、共同努力，携手走完了大学四年，在班主任老师的带领下，我们班获得过"优秀团支部"和"模范班集体"的荣誉称号。

这几年最大的收获就是遇到和认识的人，有的时候真的能够被他们身上的光照亮，在困顿迷茫之际、在消沉丧气之时，被鼓舞被激活。虽然不是所有的人都能一直保持联系，但留下的每一个人都是我最宝贵的财富。

十分幸运的是遇到的每一个老师，我都被其独特的人格魅力深深吸引，并且我与许多老师都有保持着联系，有事也会找他们寻求帮助，如果有什么事我能帮上他们一点点忙都会令我觉得十分的荣幸。吾辈躬耕于笔尖，吾师躬耕于吾辈心间！

大一刚进校，我也不知自己的追求是什么，不知道目标是什么，只是边走边看，最后考研也是听从书记的建议。学生干部的经历让我在大学四年中不止有专业学校和与朋友玩耍的回忆。在班级里，从大一的心理委员到后来一直担任班长，和班主任老师还有众多班委们一起，让我们班没有一个同学落下，所有同学都顺利毕业并且拿到教师资格证；在学院的学生会，我从一名心理部干事到后来的部门负责人，最后有幸成为主席团的一员，在几年间从跟随方向的执行者成长为走在前面的先进分子，这其中的成长和历练亦是充足；在学校，只在青年志愿者大队待了一年，许多校外的风景和社会实践见过和亲身体会过许多。

二、何其万幸，得相逢——大一

在开学之前，我就在新生群里联系了院上青年志愿者大队的师兄，说开学了就来青队，结果开学的时候却错去了校上的青队面试，还幸运地入选了。后来再发现的时候，我也是相当的尴尬，不过好在后来的工作中与师兄还有所交叉，并且因为在校里的部门对学院的工作开展也有一些助力。

最早的时候因为对心理学感兴趣，所以除了去教科学院蹭他们的心理学相关的专业课外，也在班上竞选了心理委员、加入了学院学生会的心理部，从而加深了对心理学学习的兴趣。

因为大一的课程压力不是特别的大，所以更多的精力花在了其他的地方，像青队的各种校外社会志愿者活动、学院举行的各种活动、和班委一起组织班上的同学一起开展活动、参加 VEX 机器人比赛，等等。

三、心中有光，携手行——大二

大二的时候，我顺利地留任了心理部的副部，从一个按照前进方向行进的执行者成长为了带头冲锋的先进分子，自是意气风发，部门也在和师兄的共同努力下发展壮大，从原来的 4 人，扩充到了 9 人。开展的活动数量也越来越多，效果也越来越好。大家真的是一群志同道合的朋友，尽管性格各不相同，但是每个人身上都有同样的特质：热诚真挚，重气轻身。与这样的一群人共事非常舒服。我最欣慰的是，后来即使有两个同学转专业去了其他的学院，但是我们的工作和活动开展的时候还是会回来帮忙。

新一轮的班委换届，我便去竞选了班长。与班主任老师和所有班委一起带着大家在学习、生活和思想上共同进步，我从一开始就是觉得：不能落下任何一个同学，所以在这一年专业课的难度陡然增加之时，我们组织班上所有的同学一起开展有机化学的学习交流，每位同学攻克一个难题，然后为大家讲解清楚，这样所有的同学都能提高自身学习水平，也都参与到其中，所幸最后的结果不错，期末大家都顺利地度过了。

四、细雨微风，君莫笑——大三

其实在一开始，我是非常犹豫要不要去竞选主席团，因为我的成绩也不是特别优秀，其他的同学都太过优秀。在我进退之际，还好我的好朋友给了我坚定的支持，最后非常有幸成为主席团的一员，往后的工作也是尽心尽力，自认为不曾辜负书记和老师同学们的信任。

主席团的工作更多的是协调统筹，从上级文件精神、学校和学院的发展方向到与每个部门的联系与工作开展，与作为一个部门的负责人或一个干事相比，涉及的范围和考虑的范围要更多，对自身的锻炼也是更加的全面。好在有几个伙伴一起，团结一致，互相扶助，工作得以顺利开展，筹备的几场晚会也是圆满举行。而在所有的工作中，我最喜欢的就是迎新工作，因为那个时候能够带领新来的师弟师妹们认识校园，尽快地融入大学生活。迷失在一声声"师兄"中的同时也深深地感受到什么是：价值因为被需要。

大三下学期，课程开始变得艰难，物理化学、化工基础和结构化学压得大家喘不过气，于是和班委们一起组织大家一起上晚自习，相互讲题，搜集资料，大家热火朝天，心朝着一个方向，这段时间是极其珍贵的，是充满了柠檬味的一个夏天，细雨微风，十分爽朗，我们当时也是坚定着，不能丢下一个人，互相推着前进。

五、长风咏诗，叹别离——大四

到了大四，我选择了考研，也就是决定了方向，就想按照着计划一步步地走，但是总会是有各种各样的情况。七八月份考驾照，就只有抽空看看政治，以为开学可以好好看书，但是抽中了集中实习，每天都得去学校实习，早出晚归的，感觉与考研备考有些冲突，我向来是不习惯做计划外的事，但是后来还是想明白了，尽我所能，复习到何种程度也无惧，成败也不后悔就好。所以，后面也见缝插针地看书做题，每天晚上下班还去图书馆，跟学习了一天的好朋友交流交流放松放松，对于这样的"骚扰"我愿称之为"陪读"。

尽管大四了，早已退出了学生会，但是也非常愿意为老师同学们服务。承蒙书记和老师们信任，也时常安排任务于我。

我们班的几个班委都一直坚定着不能放弃每一位同学，临近毕业，为了教师资格证认定、毕业论文答辩，大家勠力同心解决所有的问题和麻烦，最后我们班35位同学，全都顺利毕业，拿到学位和学历证书，也都获得了教师资格证，没有一个同学落下。

临近离别的时候我便经常以各种理由找好朋友一起吃饭，总是说，毕业之后咱们以后一年能见一次就不错了，所以现在饭是吃一顿少一顿，还请务必不要推辞。

长风里的诗，咏尘世的别离。

经历诸多事，我眼中河山，已有新意。

分享五：青春无悔

2018—2019 年　任党务秘书处秘书长　黄双

一、2016—2017 我的大一

刚进大一时，我跟大家一样在彷徨。习惯了高中紧锣密鼓，老师在前面拉、家长在后面推的生活，突然来到大学里，一切学习和生活方式都凭自己掌握。突然感觉自己被一种莫名的迷茫和空虚所掌控。这很正常，突然投身到一个完全陌生的环境，总会不由自主地给自己建起一道心理防线，只是随着自己的目标越来越坚定，这个防线也不断在后退。

在高中时，我并不是传统意义上的好学生，而是有着木讷、害羞、不爱说话、花了大把时间但就是成绩不好的书呆子形象。所以在进入大学后，或许我还没有明白自己究竟想要做什么，但清楚自己一定要改变这种形象。于是在大一上学期推选班委时，我就站上了讲台，在团支书后面写上了自己的名字，虽然已经过去了好几年，但依然清晰地记得当时自我介绍时颤抖的声线，还有为了让自己看起来更自信，不由地把声音提高，边为自己打气，边试图让同学们也相信我。最终投票有三分之二的同学选了我，我很惊讶，也很欣喜，同时也清楚地明白这是一份责任。而现在回想我的团支书生涯，我也能理直气壮地向大家回复：幸不辱命。除了担任团支书，大一上学期也参加了组织部，十分感激当时师兄师姐的信赖，毕竟当时连我自己都不信任我自己。

在大一下学期时，我也有幸加入了过程分析与控制四川省高校重点实验室跟随老师学习，并且开始了贯穿我整个大学的科研实验。我也参与了一个国家级创新项目，开始了我的三点一线或者四点一线的生活，每天不停在宿舍—教室—食堂或者宿舍—教室—食堂—实验室之间往返。在学习、学生会工作、科研三个不同方向面前，我也曾试图给三者排过序，但其实更好的处理方式是怎么找到三点的平衡，选择自己真正想要的，培养自己真正欠缺的。

二、2017—2018 我的大二

在大二时，我依旧担任班级团支书的职务，尽心尽责为大家服务，不过对于学生会方面，我没有继续留在组织部，而是选择去心理部发展，我在学生会担任了心理部副部长，组织和策划了多个学院活动，这些活动办得有好有坏，有大型活动，也有心理讲座。除了组织策划活动，我也会积极听取周围同学的意见，了解此次的不足，当听到否定声音时，挫折感肯定是有的，不过更多的还是想要了解同学们真正想要的是什么，让活动办得一次比一次完美才是最终的目的。

也是在大二时，我加入了党务秘书处工作，开始协助师兄师姐处理学生的入党材料，每天只感觉抄材料手都快抽筋了，但是依旧有同学觉得我们工作不到位。这个感觉确实很抓狂，犹记得当时有师兄鼓励我们说的话："生活其实就是大圈套小圈，当你的能量充满小圈，从小圈跳到大圈时，一时迷茫是十分正常的，这证明你正在往更大的圈里走。"现在我也十分庆幸走出了小圈，来到了更广阔的天地。

在大二下学期，因前期通过了积极分子培训和发展对象培训班的学习考核，有幸于 2018 年 4 月 28 日加入中国共产党。这让我感到无比的自豪，因为这不仅代表着我前期的努力得到了大家的认可，也让我有机会见到了更多优秀的同龄人，他们有的是学生会的师兄师姐，有的是各个班级的优秀学生。我至今仍记得在第一次思想座谈会上，有位师姐哭着向我们述说着她曾经遇到的事：同学不尊重红领巾，老师向他们讲述了红领巾是由鲜血染红的故事。感受着师姐对于党的热爱之情，也清楚地明白了自己和党内其他同志的差距。让我真正摒弃得失，真心实意为大家服务。

三、2018—2019 我的大三

在大三时，实在是力有不逮，所以我不再担任班级团支书，仅在党务秘书处工作。真正开始成为老师同学之间的沟通桥梁，也理解了许多师兄师姐的无奈，过去有些时候也跟着同学一起吐槽他们的一些方案，但是真正要自己来决定时，才知道做个执行者真的很轻松。不过这段时间的收获也是无法比拟的，让我真正开始学会独立处理事务，提升了自己各方面的综合素质水平。这段时间里，我多次组织了学生入党积极分子、党校发展对象等的开班典礼，以及后期发展的流程安排及相关材料整理。

大三下学期，第一次深切地感受到，什么叫作忙得焦头烂额。学习课程进入了深水区，强度和难度都明显提升了一个高度；之前的党务处的老师退休，需要重新适应另一个老师的工作方式，同时依旧有写不完的材料；自己的大学生创新项目马上结题，实验室老师也在催发文章，催结题……现在回想起来，那段时间依旧觉得很辛苦，但是咬咬牙，还是挺过来了。大三期末考依旧拿到了奖学金；党务处的工作也都圆满完成，顺利交接给了下一届同学；和项目组的同学一起发表了一篇省级期刊文章，国家级学生创新创业项目也顺利结题。

四、2019—2020 我的大四

在大四上学期，我没有再担任学院的干部，不过也在尽心尽责地负责毕业生们的信息通知及收集等工作。大四的时候不再像前三年一样，同学们能够聚在一起，消息能够及时收到，因此及时上交材料也是个不小的挑战。除此之外，我将大部分精力投入到自己的毕业实验当中，从开始到结题，中间也经历了许许多多的曲折，实验失败过许多次，也重来过许多次，所以在后来终于做出成绩时，心中的喜悦之情是无与伦比的。

还记得毕业时辅导员对我们说的，我最遗憾的事就是你们的遗憾有我的参与。大四下学期因为疫情原因，所有同学在家学习。最后在校领导多方商讨下，做出了毕业生返校三天的决定。因此在那三天里，所有同学都忙得不可开交，火急火燎地收拾行李，离开了学校。

每一个人都有属于自己独一无二的大学生活，在大学里哭过、笑过、闹过、埋怨过、也喜极而泣过……正是这些特有的经历组成了自己难以忘怀的大学。很喜欢一句话，也跟大家分享一下：当你感觉累时，说明你正在走上坡路。我们所需要做的，不是把自己放置在永恒的舒适圈中，那除了磨灭我们的斗志，荒废我们的青春，换来的只有用更为迷茫的姿态应对未知的生活。天行健，君子以自强不息。愿每位同学都能在大学中精彩飞扬，意气风发。

分享六：那些年，那些事，那些成长

2016—2020 年 任班级团支部书记/艺术团团长 张燕

2016 年的秋天，带着喜悦而又忐忑的心情我迈进了大学的门槛。进入大学，认识的第一个人是我的室友，从来没有住过寝室的我，对即将到来的寝室生活充满了期待。报道结束的第二天，李智老师组织我们开展了第一次班会，首先便是自我介绍，我们班有 37 位同学，多数同学来自四川，有个别同学来自湖南。在一番介绍后，开始竞选班委干部，同学们都很积极，轮番上前诉说出自己想要竞选的职位及其竞选的原因，也很感谢同学们的信任，选择我担任班级团支部书记一职。第一次班会是值得记忆的一天，这一天我们相见了，虽然记不住所有人的名字，但是有了初步的印象；这一天我们成立了服务同学的班委群体，说的高大上一点就是化学与化工学院 2016级 5 班第一届班委干部。随着时间的推移，我不仅和班上的同学熟络起来，也结识了其他班级和其他学院的同学，扩展了自己的朋友圈。正是因为认识了很多人，使得我在学习上遇到困难时可以找同学讨教，互帮互助；在生活上可以相伴游玩，诉说自己近期遇到的事情等。

在大学的第一年我收获颇多，经过党支部的栽培再加上自己的努力，成为一名入党积极分子，迈出了成为中国共产党党员的第一步；其次，在担任团支书期间，还加入了学院的宣传部和艺术团，使得我的大学生活更加的丰富多彩。大一上学期是一个相识的过程，大家从不认识到了解再到熟悉；大一下学期就是一个磨合的过程，在与同学相处中，难免会存在一些摩擦，这时候秉持着退一步海阔天空、大事化小小事化了的心态，会使你整个人得到升华。

经过一年的大学生活，步入到了大二阶段，不仅是我们专业的同学，还是其他专业的同学，都将自己的大部分精力花在学习上。当时还流传着这样一句话："有机物化，必有一挂"，也许正是因为这句话的原因，大家的学习状态都非常好，上课的时候都去争取教室的最佳位置；图书馆的自习室里，每次去都会看见熟悉的面孔，大家一起相约学习、讨论、吃饭，每天的生活都过得如此的充实。在学习专业知识的同时，我也没有落下思想政治方面的知识，通过一年的学习，我走到了靠近党组织的第二步——发展对象阶段；在学生会和班级的工作中，积极完成学院布置的任务，带领我们班获得了"优秀班集体"的荣誉称号。在大二下学期，我去竞选了学院艺术团团长一职，很荣幸我竞选到了这一职位，艺术团团长一职最重要的工作是负责学院每年一次的迎新晚会和毕业生晚会，一方面，恰好我会稍许才艺，可以发展我的兴趣爱好；另一方面，这锻炼了我的组织能力和处理事情的能力。大三的时候，在艺术团、学生会各个部门以及各个年级的配合和帮助下，成功地举办了两个晚会，晚会结束后，感受颇多，从最开始的策划，到后面节目的排练和审核、道具准备、晚会主题的敲定、邀请函以及背景图的制定等方面的事情，最后到晚会的圆满进行，每一个过程都是那么让人印象深刻，难以忘怀，再苦再累都是值得的。大三这一年是我大学生涯中最忙碌最累的一年，不仅要处理工作上的事情，还要兼顾好专业和思想政治方面的学习，所幸，我对学习和工作做好了合理的时间分配，一年下来，我的工作能力和学习能力得到了质的提升，这就是只要你付出了，就会得到相应的收获。

　　大三"嗖"地一下就过去了，进入大四的生活，面临毕业的我们走到了人生的又一分叉路口，有的同学开始寻找工作，有的同学埋头苦学，准备考取研究生继续深造学习。猛然间发现，经过四年的锤炼，大家从开始的青涩，破茧成蝶，变得更加成熟。通过四年的学习我通过了党组织的考验，成为一名正式的中国共产党党员；另外，我也在准备 12 月的研究生考试，每天过着三点一线的生活——寝室、图书馆、食堂，有时候觉得百般无聊，又有时候觉得过得充实，坚持不下去时，研友之间互相鼓励打气，调整好心态后继续复习，就这样日复一日，夏天在不知不觉间悄悄地溜走了，秋天匆匆地来，匆匆地去，冬天慢慢地向我们靠近，也就意味着研究生考试的到来。当最后一场考试中广播里念着"考试结束"，考官收起考卷的那一刻，我的心情是开心的、激动的，不管结果如何，只要尽了自己最大的努力，就不负韶华，不负自己。短暂的放松后，又投入到毕业实验中，直到毕业论文答辩结束的那一天，我们完成了大学四年所有的学业任务。由于疫情的原因，我们没有举办毕业晚会，没有举办隆重的毕业典礼，短短三天，我们办好了所有毕业所需事情，拍了毕业照、穿了学士服、组织同学们开展了最后一次班会、收拾行李、交还寝室钥匙……结束了大学的行程，大家开始了自己人生的下一旅途。

四年的大学生活，有欢乐，有心酸，有收获，这是每趟旅程都会经历的，遇事要迎难而上，才能成就自我。来日方长，宜院操场一角的蓝盈花还会再开，我们班同学也有再相聚的一天！

后 记

苏霍姆林斯基曾说过："我要关注的是，让我所培育的每一个孩子都成长为会思考、会探索的有智慧的人，让认识过程的每一步都使心灵变得更高尚，使意志炼得更坚强。"寒来暑往，秋收冬藏，自 2018 年我开始构思这本书的框架到现在即将正式出版发行，时间已经过去了好几年，我的心中既充满了欣喜与感动，也多了几分忐忑与不安。从最初只想做一本自己所在学院内学生干部的培养手册，到现在所作的高校学生干部管理能力培养与提升，反复的讨论、修改再到定稿成型，个中滋味，唯有自知。同时，这本书对我而言可能已经超越了书本身的意义，更多的是作为高校思想政治教育工作者，在日复一日的工作中始终坚守岗位，爱岗敬业，辛勤耕耘，还能坚持思考，敢于思考。

在我的学生教育管理工作的 20 年里，数届学生干部团队参与其中，全面配合、积极反馈，正是在他们每一次锻炼、展现、提升的过程中，我不断寻找方向与主题，以一个见证者的角度记录下了管理与培养中点点滴滴的思考与感悟。时至今日，也正是同学们的成长给予了我莫大的鼓励与支持，他们的行动感染了我和编者团队能持续投入和沉浸在本书的整理和编撰之中。在本书的编撰过程中，我有幸得到了学校各级领导们的支持与关注，并且领导们给予了具体的指导与帮助。从本书的框架调整到内容布局建议，前后多次参与团队集中研讨与指导，领导们倾注了许多心血，也对我们给予了厚望，这也使得我们在编撰本书时带着压力，也带着希望。

当然，本书的观点仅供大学生朋友和思想政治教育工作同仁们参考，不当之处，还望大家批评指正。在此，由衷感谢每一位积极参与其中、主动交流与反馈的同学们，是你们的相伴让我们有动力完成了整本书的编撰，也由衷感谢每一位为编撰此书而付出艰辛努力的老师，我们怀揣育人初心，不仅传播知识、技能，更是播种希望、携手成长，日复一日地在教育这块责任田上细作和耕耘，因为有遇到的每一个你，相互陪伴和一同前行，相信教书育人的道路会越来越清晰和宽阔。

二〇二一年六月一日于临港校区